A UMBANDA
SOB A ÓTICA DA
NEUROLINGUÍSTICA

Márcio Martins Moreira

A UMBANDA
SOB A ÓTICA DA
NEUROLINGUÍSTICA

Como interpretar a estrutura de
pensamento dos guias de umbanda

© 2019, Editora Anúbis

Revisão:
Rosemarie Giudilli

Projeto gráfico e capa:
Edinei Gonçalves

Apoio cultural:
Rádio Sensorial FM web
www.sensorialfm.com.br

Dados Internacionais de Catalogação na Publicação (CIP)
Agência Brasileira do ISBN - Bibliotecária Priscila Pena Machado CRB-7/6971

```
M838   Moreira, Marcio Martins.
           A umbanda sob a ótica da neurolinguística / Marcio
       Martins Moreira. — 1. ed. — São Paulo, Anubis, 2019.
           144 p. ; 23 cm.

           ISBN 978-85-67855-72-1

           1. Umbanda. 2. Religião afro-brasileira.
       3. Neurolinguística. I. Título.

                                                    CDD 299.67
```

São Paulo/SP – República Federativa do Brasil
Printed in Brazil – Impresso no Brasil

Este livro segue as novas regras do Acordo Ortográfico da Língua Portuguesa.

Os direitos de reprodução desta obra pertencem à Editora Anúbis. Portanto, não é permitida a reprodução total ou parcial desta obra, de qualquer forma ou por qualquer meio eletrônico, mecânico, inclusive por meio de processos xerográficos, incluindo ainda o uso da internet, sem a permissão expressa por escrito da Editora (Lei nº 9.610, de 19.2.98).

Distribuição exclusiva
Aquaroli Books
Rua Curupá, 801 – Vila Formosa – São Paulo/SP
CEP 03355-010 – Tel.: (11) 2673-3599
atendimento@aquarolibooks.com.br

Sumário

O que você vai encontrar neste livro 7
Estrutura do pensamento 9
É o Guia ou é o médium falando... 13
Nível Neurológico utilizado pelos Guias 17
Escola estruturada. 21
Mensagens rotineiras dos Guias. 25
Visão Neurolinguística 29
    Adultos aprendem de forma diferente . . . 29
    Umbanda nos ensina a "morrer" 31
    Encosto x Crença 33
    Presente e Futuro 37
    Objetivos. 39
    Opções e escolhas. 41
    Teimosia ou ego. 43
    Equilíbrio 45
    Evolução X Medo 47
    Não-Julgamento. 49
    Fé 54
    Orar 56
    Metáforas 61
    Âncoras 63

UMBANDA E A NEUROLINGUÍSTICA

Barreiras 66

Posições Perceptivas 72

Cambone e a 3ª Posição Perceptiva 74

Posição da Divindade 76

Você está preparado para abrir um terreiro? 79

O que um Dirigente deve saber 81

O que um Dirigente deve evitar 85

Neocompetências do Dirigente 86

Ame o próximo como a si mesmo 92

O que um Médium deve saber 93

Emoções 95

Emoção, Sentimento e Ressentimento 96

Controlar ou Dominar 98

Medo 99

Arrogância 106

Tristeza 110

Luto e Perda 111

Culpa 114

Raiva 115

Vingança 117

Perdão 118

Calma 121

Autoestima 123

Alegria 125

Gratidão 128

Coragem 129

Paciência 132

Felicidade 133

O que você vai encontrar neste livro

Este livro mostra a religião de Umbanda, alguns de seus principais aspectos e conceitos, através da percepção da Neurolinguística.

A Programação Neurolinguística é um conjunto de modelos, técnicas e ferramentas, que estuda a estrutura da Realidade Subjetiva do Ser Humano. É o estudo da forma como as pessoas veem, através da sua experiência, o que elas enxergam do mundo, das coisas, das pessoas e principalmente de si mesmas. A experiência subjetiva do ser humano ao enxergar o mundo através dos filtros, das experiências, das memórias, aprendizados e crenças, cria um mundo real muito particular a cada um. Uma realidade subjetiva. Nós enxergamos esse mundo e o classificamos como real, e de fato o é em nossa subjetividade.

E a Umbanda é real? O que a Umbanda "pensa" a respeito das questões do mundo? Quais são os conceitos que os Guias de Umbanda, incorporados nos médiuns, têm a passar aos humanos encarnados?

UMBANDA E A NEUROLINGUÍSTICA

Esses questionamentos, aliado a um olhar diferenciado para as coisas que acontecem no "terreiro", são apresentados neste livro, não buscando encerrar o assunto, mas a incentivar o leitor a ver a religião por outro ângulo.

Se a Umbanda não tem dogmas, onde tudo pode ser questionado, porque ela mesma não poderia ser questionada? A Umbanda é uma religião brasileira, que apresenta em sua prática o misticismo, a magia, a filosofia, a força da natureza, a mediunidade, e tantos outros elementos de forma tão integrada e harmônica, que faz com que seus integrantes se dediquem ao seu estudo de maneira profunda e intensa. Parte desse estudo é aprender a ser livre, tanto em seus pensamentos quanto em seus questionamentos.

Assim, a PNL traz uma metodologia apropriada para o questionamento da religião de Umbanda, uma das mais belas religiões que existem.

Numa segunda parte deste livro há a descrição sobre o que o Dirigente Espiritual de Umbanda deve saber, deve evitar e deve ser. Seu desempenho frente a uma comunidade é de grande responsabilidade e estar preparado para representar algo tão grandioso quanto a Umbanda é uma tarefa desafiante, mas cheia de aprendizados.

E na parte final, textos importantes sobre as várias emoções humanas, reflexões sobre as quais todo médium de Umbanda deve se debruçar e absorver, para auxílio nos atendimentos, para melhor compreensão das mensagens dadas pelos seus Guias, para evitar interferências nos atendimentos e, principalmente, para melhor entender suas próprias reações, seus comportamentos e sua vida.

Estrutura do pensamento

Como médium de incorporação, cambone ou como consulente atento, pode-se perceber que a estrutura de pensamento dos Guias de Umbanda é diferente da estrutura encontrada nos encarnados. Alguns atribuem isso ao fato de estarem livres da materialidade, outros a uma grande evolução espiritual e outros ainda ao contato direto deles com a espiritualidade e as Forças Divinas.

Seja como for, seus conselhos, palavras, ressignificações e atitudes nos dão provas de que algo eficaz no modo de encarar as questões está por traz de suas estruturas de pensamento. Cabe ao sujeito desenvolver sua capacidade de APRENDER com os Guias, a cada incorporação, a cada consulta, a cada mensagem.

Aprender a entender a estrutura do pensamento dos Guias traz muitas vantagens práticas em nossas vidas. Vamos a alguns exemplos:

- Já percebeu como os Guias, certas vezes, ficam calados, esperando o momento certo

para fazer uma pergunta transformadora? (Como estamos fazendo? Será que falando demais e ouvindo de menos?);

- As colocações das entidades são, na maioria das vezes, diretas, objetivas e incisivas, indo ao ponto sem rodeios. (Como está sua vida? Dando voltas-e-voltas sem objetividade?);

- Os mentores utilizam a franqueza e a objetividade sem medo de melindrar a quem ouve, apesar do altíssimo respeito ao próximo, sabendo que eles não estão lá para serem "bonzinhos", mas para serem "mestres". (Você tem falado os "nãos" que você gostaria de falar ou fica inseguro se vai desagradar alguém?);

- Os Guias deixam implícitos em seus discursos um nível de pensamento sistêmico, onde pensam na coletividade, na união, no bem comum, nos relacionamentos como ponto de evolução, sabendo que o indivíduo e o sistema podem crescer juntos. (Seus planos futuros, materiais ou não, envolvem a coletividade ou somente sua individualidade?);

- Nem todas as palavras do mundo podem expressar o jeito terno e carinhoso das entidades quando é necessário acolher o irmão, bastando um abraço ou até mesmo um olhar. (Como estão seus comportamentos frente àqueles que sofrem?).

- Quando não há mais nada a ser dito que atenda aos objetivos daquela conversa, os Guias encerram com

ESTRUTURA DO PENSAMENTO

firmeza e tranquilidade. (Como estão suas conversas, reuniões, bate-papos? Elas têm objetivo e são encerradas sem rodeios?)

Muitas outras lições existem para serem aprendidas com estes Seres que, com tanto carinho e dedicação, e por amor, vêm nos ensinar. Cabe a nós aprendermos a perceber tais ensinamentos. A Programação Neurolinguística pode ajudar o umbandista a entender o processo de transformação que ocorre frente a um Guia, a entender a estrutura de raciocínio do Guia e sua forma de pensar, e sobretudo, a PNL pode ajudar no crescimento espiritual, no aprendizado na Umbanda e, principalmente, no CONHECE-TE A TI MESMO.

É o Guia ou é o médium falando...

Você já pensou que estrutura de pensamento, que "raciocínio" os Guias utilizam para transformar a vida das pessoas, muitas vezes com simples perguntas? Essa foi a pergunta que motivou uma pesquisa que durou 18 meses, analisando a mediunidade de incorporação a partir das técnicas da Programação Neurolinguística.

O estudo se compôs da leitura da estrutura subjetiva do médium não incorporado em comparação com as estruturas apresentadas pelos Guias e entidades incorporadas. Traduzindo, como era a maneira de pensar do médium, suas estratégias mentais para buscar soluções, seu modo de ver a vida, suas limitações e carências e, em seguida, comparando com as respostas dos Guias.

Através do levantamento de meta-programas, movimentos oculares, canais representacionais, palavras significativas e níveis neurológicos, fizemos a modelagem de 48 indivíduos (18 médiuns e 30 entidades). Destaco, dentre várias análises a serem feitas:

UMBANDA E A NEUROLINGUÍSTICA

- Em 86% dos casos, o padrão do movimento ocular e o Canal Representacional dominante mudaram do médium incorporado para seu Guia (o que denota "outra personalidade");

- Conceitos diferentes, e às vezes discordantes, entre médium e Guia (26%);

- As respostas dos médiuns eram no nível neurológico de Capacidades (44%) ou Identidade (30%), significando que os médiuns estavam focados em apresentar seus aprendizados pessoais ou quem eram. As respostas dos Guias, majoritariamente, estiveram no nível Sistêmico (impressionantes 75%), demonstrando que dirigiam suas respostas para algo maior-que-eles, para os relacionamentos interpessoais, para a coletividade e para o bem comum;

- Utilização de perguntas de Meta-Modelo de Linguagem adequadamente (médiuns=22%, Guias=65%).

De forma muito clara pode-se afirmar que a estrutura da Realidade Subjetiva do médium não incorporado difere muito da estrutura da Realidade Subjetiva quando incorporado. Pode-se dizer que não são a mesma pessoa e tais diferenças seriam muito difíceis de serem simuladas, mesmo por *experts* no assunto e que já soubessem o nível e a estrutura da pesquisa, coisa de não ocorreu.

Em termos simples, todas essas diferenças mostram que nossos Guias têm inúmeros recursos para ajudar o próximo a transformar sua própria vida, o que chamamos em PNL

É O GUIA OU É O MÉDIUM FALANDO...

de mudança evolutiva. Existe muita coisa para aprendermos com nossos Guias. Incorporar estes recursos semanalmente e não termos o preparo suficiente para entender como o processo funciona é uma grande perda. Devemos APRENDER A APRENDER com eles o mais rápido possível.

Aprendendo mais sobre "como" eles pensam, quais seus objetivos ao questionar o indivíduo e saber antecipadamente qual a mudança desejada na pessoa, faz com que o nível de ansiedade diminua no momento da incorporação/consulta diminuindo a interferência do médium e aumentando o conforto e a segurança para o trabalho espiritual.

"A Umbanda é linda", como repete incansavelmente o Pai Alexandre Cumino. Imagine se melhorarmos ainda mais nossa percepção, ouvindo "de verdade" as mensagens, sentindo "de verdade" as sensações e vendo "o oculto" daquilo que é mostrado? Certamente, descobriríamos dentro de nós e com o auxílio de nossos mentores, um mundo muito mais amplo, belo e rico do que jamais ousaríamos ter sonhado.

Nível Neurológico utilizado pelos Guias

Em setembro de 2015, foi realizada uma pesquisa junto a médiuns de diversos templos umbandistas sobre as principais queixas ou solicitações que os consulentes trazem para consultas em seus terreiros.
Quanto ao direcionamento dos pedidos:

- 88% das solicitações são para o próprio consulente, enquanto os outros 12% buscam soluções para questões de outras pessoas.

Quanto aos Principais Assuntos:

- 27% das questões são relacionadas ao campo material/financeiro, onde estão inclusos trabalho e negócios;
- 22% das solicitações buscam pela saúde física;
- 19% das solicitações se referem a questões de relacionamento amoroso ou conjugal.

UMBANDA E A NEUROLINGUÍSTICA

Outros números interessantes para análise, é que 10% das questões envolviam distúrbios emocionais apresentando ansiedade, depressão, síndrome do pânico e outros. Já questões trazidas pelos consulentes umbandistas, ligadas diretamente à espiritualidade ou mediunidade atingiram 5%, como a necessidade de desenvolvimento mediúnico ou o entendimento de questões relacionadas à espiritualidade.

Todos estes números são a realidade, em nossa visão, do que acontece na maioria dos templos de nossa religião, quando da visita de consulentes umbandistas, que na sua maioria, vem com questões específicas buscando soluções para eles mesmos, com três áreas principais: a preocupação com a parte material-financeira, os relacionamentos amorosos e a saúde física.

Em outras pesquisas encontramos o fato que os Guias de Umbanda buscam uma mudança evolutiva para a vida do consulente, procurando transformar as questões trazidas de níveis neurológicos relativamente básicos (ambientes, comportamentos, capacidades) em níveis neurológicos mais elevados (crenças, identidade, sistema), onde as "transformações de vida" acontecem.

Isso fica claro quando se compara as duas pesquisas realizadas com ferramentas da PNL: uma com a modelagem da estrutura de pensamento do Guias e a outra com consulentes em diversos terreiros de Umbanda.

Numa comparação, 89% das questões dos consulentes se encontram nos três primeiros níveis, que são os motivos que fizeram os consulentes buscarem ajuda. Acontece que, segundo a pesquisa anterior, 75% das respostas de nossas entidades estão

NÍVEL NEUROLÓGICO UTILIZADO PELOS GUIAS

baseadas no nível sistêmico, o que faz com que o indivíduo expanda a sua visão de mundo, tirando o foco de suas incapacidades ou de seus comportamentos indesejados, passando a enxergar suas próprias crenças limitantes, a necessidade de alterações mais amplas em sua personalidade e o planejamento e observação dos grupos onde vive, em especial a família e a todos que o rodeiam.

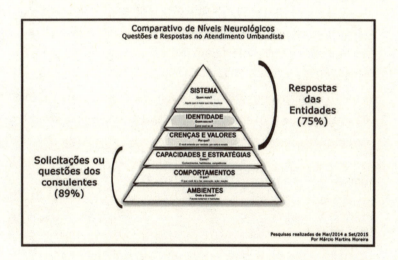

Existe uma habilidade das entidades em apresentar o "Algo-Maior-Que-Você", baixando o ego e a vaidade, mostrando que seus comportamentos influenciam a todos que o cercam e, por conseguinte, causando uma reação sobre o próprio indivíduo.

O que antes eram simples questionamentos sobre comportamentos a serem mudados ou capacidades a serem adquiridas, passam a ter, como resultado, a reflexão de algo muito maior. E essas mudanças ocorrem a partir do modo de pensar das entidades, transmitidos por perguntas que chamamos de Meta-Modelo de Linguagem, como, por exemplo, "A quem mais este seu comportamento afeta?", "Quem você será ao deixar de fazer isso?", "O que te impede de mudar este modo de agir?", entre outras perguntas.

Quando você estiver num trabalho de atendimento, dê 100% de sua atenção ao momento, seja você médium de incorporação, cambone ou consulente. Desligue-se do mundo, desconecte-se, deixe seus julgamentos e preconceitos de lado e permita-se ouvir, profundamente, as mensagens. Será uma oportunidade maravilhosa de aprender com os Guias uma forma de pensamento altamente evoluída onde a construção de estratégias de transformação através das palavras se faz tão presente. Aproveite!

Escola estruturada

Logo no surgimento da Umbanda, há uma frase atribuída ao Caboclo das Sete Encruzilhadas, incorporado no Médium Zélio Fernandino de Moraes, em 1908, que diz: "com os espíritos mais evoluídos aprenderemos, aos menos evoluídos ensinaremos...". Desta frase, além de outros tantos ensinamentos, pode ser percebida a mensagem de que a Umbanda seria um movimento que, além de outras coisas, teria a transmissão de conhecimentos e sabedoria, num fluxo de aprender-e-ensinar contínuo, como uma estrutura escolar. Também fica definido que existiria uma hierarquia no processo de aprendizagem, onde caberia aos mais evoluídos a tarefa de ensinar.

Desde esta primeira manifestação há a visão de hierarquia e estrutura no modo de ensino, e principalmente a necessidade de conhecer e aprender.

A PNL tem entre suas principais aplicações a área educacional, versando sobre como o ser humano aprende, suas particularidades nos diversos níveis neurológicos, com aprendizados baseados em modelos, níveis de facilitadores e tantos outros pontos.

UMBANDA E A NEUROLINGUÍSTICA

Certa vez, em conversa com o Boiadeiro sobre o ensino-e-aprendizagem na Umbanda e como poderíamos entender sua construção hierárquica, ele me propôs uma metáfora: imagine uma escola chamada Umbanda. Na posição de Diretor Geral está Olorum (Deus, Jeová, Aláh, ou qualquer outro nome que queira nominar o Inominável). Sob seu comando direto estão os professores-Orixás, que cada um com sua especialidade (sentido da vida), vem nos ensinar as matérias que devemos aprender para sermos felizes na vida. Cada professor tem uma matéria específica (Oxum=Amor, Ogum=Lei, etc.), mas em seus ensinamentos são aplicados textos de outras áreas, como, por exemplo, um professor de matemática se utiliza da matéria de língua portuguesa para que os alunos resolvam questões enunciadas em português para a solução matemática. Como exemplo, dos professores-Orixás teríamos Ogum Xoroquê, que ensina a Lei (Ogum) com base no conceito do encerramento (Omulú). Estes são os tais entrecruzamentos, nada mais do que professores-Orixás unindo duas ou mais matérias na mesma aula.

Continuando a metáfora, temos as entidades, Guia e Mentores que, como alunos mais avançados, têm aptidões diferenciadas em diversas matérias, em geral apresentando afinidades maiores com umas e outras. Por exemplo, Cabocla Raio de Sol que teve e tem aulas com todos os professores-Orixás, e tem maior afinidade com o amor, execução da lei e da fé.

Outro exemplo é o Boiadeiro Sete Laços, cujo nome já demonstra uma afinidade em sete matérias.

Nessa escola somos os alunos iniciantes que também têm aulas com todos os Professores-Orixás ao longo da vida, porém

ESCOLA ESTRUTURADA

temos mais contato com os alunos mais experientes, nossos Guias, a nos dizer onde devemos concentrar nossos esforços e a alertar em quais matérias estamos "fracos" e necessitamos de um reforço.

Mesmo nesse nível de iniciantes, temos nossas afinidades com matérias, mas as aulas de todas são ministradas.

Dessa metáfora concluí que Olorum nos observa, mas sem interferir. Temos aulas com os Orixás, ou Forças Divinas da Natureza, a nos ensinar sobre todos os Sentidos da Vida, mas conversamos mais com os Alunos Avançados, nossos Guias, os quais nos ajudam com nossas "tarefas", nos trabalhos em grupo (passes, consultas, etc.) e nos aconselham diretamente, como Irmãos mais velhos.

Mensagens rotineiras dos Guias

Em minhas observações, muitas mensagens em comum ocorrem nos atendimentos aos consulentes. Mesmo que existam linhas de trabalho diferentes, arquétipos diferentes e linguagem muito distinta, na essência existem mensagens bastante frequentes. Evidentemente, nem todos os atendimentos são iguais, mas algumas mensagens são muito recorrentes.

Tais mensagens visam gerar maior consciência sobre a própria vida do indivíduo, quando refletida de forma sincera, pode alcançar grande ganho, tornando-a mais leve, alegre e feliz.

Seja VOCÊ mesmo, pois você já é suficiente do jeito que é

As pessoas vivem numa ilusão de necessitarem ser maiores do que acham que são, se mostrarem melhores e mais espertos do que são, ter mais do que tem ou mesmo do que precisam. Querem ser mais fortes, rápidos, espertos, ricos e belos.

UMBANDA E A NEUROLINGUÍSTICA

Tudo bem querer ser melhor, mas é fundamental ter a gratidão pelo que já se é, enxergando seus imensos recursos, habilidades e aprendizados que já estão dentro do ser. Estar em busca de algo melhor, desprezando o que já é, o que já tem ou o que sabe é como se nada fosse, tivesse ou soubesse.

Os Guias de Umbanda, assim como a PNL em seu pressuposto "As pessoas já possuem todos os recursos internos que necessitam", lembram que você já é, então, apenas seja. Isso basta para a felicidade.

Tudo acontece para ajudar de alguma forma

Muito comum após os consulentes falarem sobre algo ruim que aconteceu, às vezes reclamando da vida, ouvir os Guias de Umbanda amorosamente perguntarem "e o que você aprendeu com isso?" Isso leva à conclusão que tudo o que acontece na vida traz algo de muito positivo, mesmo que seja o aprendizado de como não se fazer.

Estando consciente ou não dos benefícios do acontecimento, de algum modo há algo que irá ajudá-lo. Os Guias estão a lhe mostrar tais benefícios para que, conscientemente, ocorra a evolução do indivíduo.

Na PNL há vários conceitos que concordam com essa mensagem, como o pressuposto que diz "todo comportamento tem uma intenção positiva" ou o conceito de fracasso/feedback ou até o conceito de que se um objetivo não foi alcançado é porque outro foi.

Os Guias buscam gerar essa compreensão no indivíduo para que ele possa estar consciente dos benefícios do que

MENSAGENS ROTINEIRAS DOS GUIAS

acontece e da sua evolução no processo, o que trará, consequentemente, uma vibração de paz, consciência e gratidão por tudo o que acontece na vida.

O foco é VOCÊ, sem pressa

As atribulações da vida, a correria atrás da materialidade, os relacionamentos muitas vezes conflituosos levam o sujeito ao *stress* e a atitudes automáticas na vida. Os Guias estão sempre a levar o foco ao próprio indivíduo, apontando para o fato de que não há a necessidade de se sentir tão apressado, sem tempo, sem vida de verdade.

O próprio conceito de reencarnação, sem punição, inferno ou pecado, traz um alívio demonstrando que nada deve ser apressado, pois não há tempo perdido nem a se perder, mas há VIDA a se VIVER.

Na PNL, o conceito de Realidade Subjetiva na qual o indivíduo "cria" o próprio tempo e outros recursos a partir de seu foco, vontade e objetivo corrobora a ideia exposta pelos Guias de Umbanda. Se algo aconteceu e o sujeito acha que foi demasiadamente demorado, é apenas um julgamento dele, dentro da Realidade Subjetiva dele, que pode ser totalmente alterado através de ressignificações, tornando o fato muito mais prazeroso e propício de aprendizado. Aliás, entender a estrutura dessa Realidade Subjetiva do sujeito é exatamente a área de atuação da PNL, onde os Guias, de forma extraordinária, têm total domínio.

UMBANDA E A NEUROLINGUÍSTICA

Ame-se e perceba que outros te amam.

Em determinados momentos da vida, quando os desafios parecem enormes e quase intransponíveis e o isolamento e a solidão são sensações quase reais e absolutas, os Guias de Umbanda mostram que a única coisa que falta, de verdade, é o fluxo do amor, primeiramente do indivíduo para si próprio; em seguida, perceber que muitos, mas muitos amam o indivíduo e este tão focado em seus "problemas" não se dá conta disso; e por fim, ao sentir que se ama e outros o amam em grande intensidade, fica muito fácil amar o próximo, pois como o amor é apenas um comportamento que pode ser aprendido, ampliado, intensificado e replicado, o fluxo do amor passa a acontecer de forma muita natural.

Muitos Guias citam as "famílias espirituais" dos consulentes como fonte inspiradora desse amor, e em outros casos, citam mesmo os encarnados que estão à volta. Seja um caso ou outro, o fato é que o nível neurológico da estrutura do pensamento saiu das crenças ou identidade e subiu para o nível sistêmico, técnica utilizada na PNL para ver as coisas de um novo ângulo.

Muitas outras mensagens poderiam ser mencionadas como recorrentes nos atendimentos de Umbanda, mas estes exemplos e todos os outros que deixamos de citar são sempre amorosas, visando auxiliar o sujeito a enxergar sua própria vida de um jeito mais positivo, por uma perspectiva mais possibilitadora, cheia de recursos, brilho e beleza.

Visão Neurolinguística

Adultos aprendem de forma diferente

Um adulto e uma criança aprendem de formas diferentes, pedagogia e andragogia.

Uma criança, durante a aprendizagem, tem uma relação estudante-docente, onde o ensino é de forma direta, com uma comunicação quase unilateral e vertical, onde o "professor" transmite o conhecimento que será utilizado em um momento futuro na vida do indivíduo, tornando-o apenas receptivo e dependente. Um dos métodos mais eficazes para isso é reforçar o conhecimento teórico transmitido com o exemplo ou modelo. Quando na formação, uma série de conhecimentos são adquiridos como base para uma grande gama de profissões e áreas de atuação. São importantes como fundamento educacional,

pessoal e humano e nem sequer são questionados pelos indivíduos jovens nesse período de formação.

Para o adulto o aprendizado funciona diferente. Há a necessidade de uma comunicação recíproca e horizontal, com trocas de informações e experiências, onde o conhecimento transmitido tenha aplicabilidade imediata e prática na vida do indivíduo, além de ser motivador, a partir do que será transmitido e do possível impacto em sua vida. É analisado, mesmo que inconscientemente, a relação que o aprendizado terá com a vida real atual.

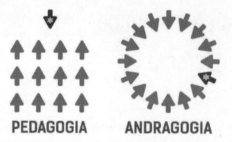

PEDAGOGIA   ANDRAGOGIA

Por estar na idade adulta, o indivíduo busca coisas mais diretas, ligadas às suas próprias experiências de vida, do passado e daquilo que está vivendo no presente, de forma mais crítica sobre o que está aprendendo.

Na frente de um Guia, o consulente buscará aprendizados relacionados ao seu momento presente, aprendizados que possa aplicar de forma prática. Inconscientemente, fará perguntas como "Como isto irá influenciar minha vida?" e "Onde irei utilizar este aprendizado agora?".

Imagine-se com um arco e uma flecha na mão. Se colocar a flecha no arco e atirá-la, ela irá. Mas onde estará meu objetivo? Para onde atirarei a flecha? O que quero acertar? Talvez uma

VISÃO NEUROLINGUÍSTICA

criança atirasse a flecha apenas por diversão, mas um adulto precisa de um alvo, um objetivo para tal comportamento.

Os Guias de Umbanda procuram dar exemplos e mostrar os ganhos numa eventual mudança de comportamento do consulente, motivando-o a refletir sobre a aplicabilidade prática do que está sendo transmitido. Muitas vezes, o Guia de forma explícita revela o ganho, outras vezes, através de metáforas e alegorias, sempre mostrando o que aprender e quais os motivos e vantagens para aprender aquilo que está aprendendo.

Umbanda nos ensina a "morrer"

Cada chegada de uma entidade para a prática da caridade em nossos templos pode ser comparada ao nascimento, com novas experiências a serem vividas, novas descobertas por vir, novas estórias, trabalho, ajudas, ajudantes e ajudados e, por fim, a saída, uma grande despedida em direção à Aruanda, como o desencarne, alegre pelo trabalho realizado.

Como cada um nessa vida encarnada, as entidades, ao incorporarem, têm suas missões que elas sabem muito bem quais são, como a nos ensinar a entender qual é nossa própria missão, por mais diferente que possa ser a missão de cada um. Se cada encarnado tem uma diferente missão, elas também. Por exemplo, os Erês vêm com a missão de espalhar a alegria, os Exus a nos alertar e guardar, os Caboclos a ensinar a simplicidade, os Pretos-Velhos a humildade e assim por diante, dentro de seus arquétipos e linguagem peculiar.

UMBANDA E A NEUROLINGUÍSTICA

Já refletiu qual sua missão enquanto encarnado? E se sua "retirada" fosse solicitada agora, já teria concluído a missão ou ficaria contrariado ao chegar esse momento?

Numa gira, após todas as condições satisfeitas para que a Vida aconteça (templo preparado), nosso Pai Maior abençoa, através dos Orixás, o lugar onde a Vida irá brilhar e a Vida acontece: chega "alguém" (Guia incorpora), firma-se, vibra, trabalha, ajuda outros, ensina e, por fim, como diz o ponto *"o galo cantou, está chegando a hora, Oxalá está lhe chamando, Caçador já vai embora..."*, despede-se sem tristezas, sem apegos, sem sofrimentos, com a sua missão cumprida e vai certo que *"... ele foi mas torna a voltar..."*

Numa encarnação, após todas as condições satisfeitas para que a Vida aconteça (mãe preparada), nosso Pai Maior abençoa, através dos Orixás, o lugar onde a Vida irá brilhar e a Vida acontece: chega "alguém" (você nasce), firma-se, vibra, trabalha, ajuda outros, ensina e, por fim, como diz o ponto *"o galo cantou, está chegando a hora, Oxalá está lhe chamando, Caçador já vai embora..."*, despede-se... OPA! ... Sem tristezas? Sem apegos? Sem sofrimentos? Será? Estaremos prontos para o momento em que o "galo cantar"? Estaremos livres para seguir para o novo trabalho ou estaremos apegados às nossas ilusões terrenas?

Em nossos templos temos esses exemplos rotineiros, a nos mostrar como é o fluxo da Vida. Não vemos (pelo menos não deveríamos ver!) um fim na despedida, mas sempre começos e novos começos, vida após vida e após vida. Por isso, nossos amados Guias estão sempre a nos mostrar a Vida e como vivê-la em abundância, em paz e harmonia.

VISÃO NEUROLINGUÍSTICA

Pensando bem, acho que o título deste capítulo deveria ser "Umbanda nos ensina a 'Viver'"!

Encosto x Crença

A eventual presença de espíritos que não estejam em sintonia com a Lei Maior, espíritos que acreditam serem vítimas e sofredores, espíritos que buscam "tirar" algo, consciente ou inconscientemente e até espíritos maldosos que buscam o mal do outro ou espíritos que tem como finalidade bagunçar podem, e de fato atrapalham o caminhar de pessoas no plano físico.

Sem nos alongarmos nisso, esses espíritos podem ser classificados em três grandes grupos:

Sofredores, que normalmente não tem consciência do que são, de onde estão e sofrem, presos nos seus passados de culpa, remorso ou apego, apresentando-se quase sempre como quem sofre fortes dores físicas e problemas de locomoção.

Eguns, normalmente espíritos movidos por sentimentos de ódio, raiva e vingança, que mantêm a intenção de atacar, fisicamente mesmo, seus inimigos ainda encarnados.

Quiumbas, espíritos conscientes de seus poderes mentais, que buscam a destruição, e atuam numa faixa vibracional muito densa e baixa. Suas aspirações são basicamente dominar o encarnado e destruí-lo.

Apesar destes três grupos estarem desencarnados, a aproximação e a permanência deles ao lado do indivíduo pode gerar grandes males. A presença deles é comumente chamada de "encosto", pois eles ficam encostados, grudados, acompanhando a pessoa em seus passos ao longo do tempo.

Espiritualmente, uma Entidade de Lei, seja um Exu ou Pomba gira, ou Caboclo, Preto Velho, Baiano ou qualquer Guia Trabalhador na Lei Maior tem a força para encaminhar esses espíritos para seus lugares de merecimento, visando uma tomada de consciência e regeneração. Trabalho específico para isso também existe, como o "Portal de Cura na Luz de Pai Obaluayê".

Fato é que na Umbanda, espíritos obsessores não tem qualquer chance de manterem suas práticas vampirizadoras sobre uma pessoa, em especial a um médium que "incorpora" as energias elevadas dos Guias.

O simples ato de procurar ajuda de uma entidade, de adentrar a um terreiro, passando pela tronqueira onde se assentam os guardiões, já possibilita a intervenção desses Guias na retirada desse obsessor e seu rápido encaminhamento. Não é raro encontrar pessoas que ao saírem do Templo percebem-se "mais leves", como se um grande fardo tivesse saído dos ombros.

Na Umbanda, como o trabalho é espiritual, não é necessário um show, como a provar ou mostrar ao indivíduo que havia um obsessor e este foi retirado. Esses shows pirotécnicos ocorrem, em geral, pela necessidade de manifestação do Ego do médium, totalmente desnecessário para o trabalho espiritual.

Ao analisar as características dos vários tipos de obsessores, percebe-se que são características humanas, cultivadas, muitas vezes, pelos próprios encarnados. Sentimentos de

VISÃO NEUROLINGUÍSTICA

remorso, culpa, apego, raiva, ódio, vingança são muito comuns e, levados a extremo, podem desencadear vontades de matar, machucar e aprisionar outras pessoas. Esses atos não são apenas de espíritos desencarnados, e aí começam nossas questões.

Só há a possibilidade de mudança quando há a auto responsabilização pelos atos e acontecimentos. É nesse sentido que os Guias atuam, buscando conscientizar o indivíduo de suas atitudes e comportamentos.

Se há, ou houve, algum obsessor acompanhando o indivíduo, é mais por sintonia dos pensamentos, sentimentos e comportamentos entre o indivíduo e o obsessor do que puro acaso. Um obsessor não gruda em pessoas alegres, felizes, seguras. E mesmo que grudem, seus guardiões pessoais resolveriam isso. Porém, quando há sintonia, quando por exemplo o indivíduo se vê vítima da situação, sociedade e inicia um processo de auto piedade, sentindo-se vítima e com dó de si mesma, espíritos sofredores sintonizados nessa mesma vibração "encontram" ressonância e se juntam ao indivíduo.

Já percebeu como pessoas encarnadas, quando começam a reclamar de suas mazelas encontram outras pessoas para reclamarem e "sofrerem" juntas? Quando um empresário diz que a situação não está boa, sempre aparecem outras pessoas "sofredoras" para "sofrerem" juntas? Essas vibrações sintonizadas reúnem esses grupos, não só de encarnados, mas também de desencarnados. Sentimento de culpa e remorso são poderosos e vibram alto o suficiente para outros espíritos "ouvirem", se sintonizarem e se aproximarem.

UMBANDA E A NEUROLINGUÍSTICA

O mesmo acontece com Eguns, e porque não dizer com Quiumbas, que analisam e se aproximam de outros espíritos, também de encarnados que vibram em baixas faixas vibracionais.

O trabalho dos Guias, além de "retirar" e "encaminhar" tais espíritos que conscientes ou não, atrapalham a caminhada, é também "retirar" as crenças limitantes do consulente que trazia os obsessores. De fato, se as crenças não forem alteradas, se os comportamentos não forem modificados, a sintonia continuará na mesma faixa vibracional, atraindo novamente tais espíritos. Seria como enxugar gelo no deserto.

Em casos ainda mais complexos de crenças auto limitantes do consulente, é comum que os Guias identifiquem que não há qualquer obsessor acompanhando o sujeito. O único responsável pelas coisas que acontecem em seu mental, emocional ou espiritual é o próprio indivíduo, sem qualquer ação externa, apesar da baixa faixa vibracional e da possibilidade de atração de espíritos vampirizadores.

Seja como for, por sintonia atraindo e mantendo um obsessor, ou por simples vibração do próprio indivíduo que causa estragos em sua própria vida, a responsabilidade é da própria pessoa. Essa é a Grande Transformação que os Guias procuram proporcionar. Entretanto, como trabalhadores da Lei Maior, jamais irão contrariar a vontade do indivíduo, que mesmo inconsciente, vibra o que decide vibrar.

Como verdadeiros Guias, buscam dar opções mais possibilitadoras, para uma vida melhor, mais leve e feliz.

VISÃO NEUROLINGUÍSTICA

Presente e Futuro

Para chegarmos a algum lugar, é necessário que saibamos onde estamos e onde queremos chegar, e o caminho se fará com todas as opções possíveis, criadas com criatividade, resiliência, persistência e determinação. E a rapidez com que chegaremos lá também dependerá de nossa energia e foco no objetivo.

Nos atendimentos dos Guias de Umbanda há uma característica encontrada quase sempre determinando um mesmo roteiro: levantamento do estado atual, estabelecimento do estado desejado e a reflexão de como será o futuro no caso da conquista do estado desejado.

Normalmente, em poucas palavras, às vezes com nenhuma palavra, apenas com a sensibilidade vibracional, é feito um rápido diagnóstico do estado atual, como um livro que se abre e expõe todo o momento que o consulente passa, incluindo os planos mental e emocional. Em alguns casos, a simples identificação e exposição do estado em que o consulente se encontra já é uma enorme intervenção feita pelo Guia, visto que as pessoas não enxergam, ou não querem enxergar a si mesmas.

Em seguida, o estabelecimento do estado desejado, ou seja, o que o consulente precisa, nem sempre, ou mesmo raramente, é o que ele queria inicialmente. Sua capacidade de discernimento está afetada pelos abalos emocionais, pelo envolvimento com a questão, pelas crenças limitantes que carrega e até pela míope visão sistêmica sobre o mundo que o cerca. Sem esses véus a encobrir-lhe os olhos, o Guia estabelece, sempre resguardando a vontade do consulente, o objetivo a ser alcançado.

UMBANDA E A NEUROLINGUÍSTICA

As intervenções já estão ocorrendo durante os levantamentos, desde o nível de crenças até o sistêmico, quando se reflete sobre o que se acredita, quem é o indivíduo dentro do processo de mudança e quais pessoas serão influenciadas pelas alterações a serem realizadas. É nesse nível sistêmico que a maior reflexão ocorre.

Como exemplo, imagine uma consulente que chega ao Guia e diz que sua situação conjugal não está bem, que apresenta desamor e desrespeito e cuja situação parece insuportável. Através das palavras, da linguagem não verbal, da vibração emanada pela pessoa e outros traços perceptíveis pela entidade, o levantamento do estado atual é realizado. Em geral questões como "onde chegaremos mantendo essa união?", "há a possibilidade de reverter isso?", "nem sempre foi assim?", entre outras fazem a confirmação e remetem a reflexão do estado. O Guia verifica valores e crenças e estabelece o estado desejado da consulente, a partir dessa realidade dela.

Uma vez definido o que se quer, caso haja uma opção mais possibilitadora, o Guia argumentará, metaforicamente ou de forma direta, dependendo do arquétipo assumido e linha de trabalho.

A intervenção espiritual já está ocorrendo desde o encontro do consulente com o Guia. A intervenção mental e emocional ocorrerá a partir da enorme variedade de formas que os Guias possuem para isso, quer seja com âncoras, meta modelo de linguagem, linguagem hipnótica ou outras.

Ao fim dos levantamentos, durante ou após as intervenções, os Guias normalmente elevam o nível neurológico da questão ao nível sistêmico. Usando o exemplo acima, perguntarão como ficarão os filhos, os parentes com essa escolha, e mesmo quem será a nova pessoa após a tomada de decisão. Em geral a subida à um nível neurológico maior faz com que as coisas sejam percebidas de outra maneira, dando mais opções para a melhor escolha.

Perguntas do tipo "Como será...?", "Acontecendo isso, você ficará...?", e outras que levam o indivíduo a se ver no futuro e analisar o resultado como se já houvesse acontecido, são realizadas, como na técnica de PNL chamada de Ponte ao Futuro.

Claro que estas etapas podem variar, e de fato variam de caso a caso. Porém esses elementos, ou muitos deles são comumente encontrados nos atendimentos dos Guias.

Na força do Caboclo, na simplicidade do Preto Velho, na leveza do Erê, no gingado do Baiano, na energia do Boiadeiro, no equilíbrio do Marinheiro, na calma do Povo do Oriente, na alegria do Cigano e na firmeza do Exu e Pomba Gira vamos encontrar traços das técnicas conceituadas e utilizadas pela PNL, independente do nome que assumam.

Serão, os Guias, peneleiros?

Objetivos

A PNL possui vastos conceitos, técnicas e ferramentas para auxiliar o indivíduo a bem definir seus objetivos, formulando-os de maneira a serem percebidos pela mente

UMBANDA E A NEUROLINGUÍSTICA

e atingidos de forma rápida e certeira. Dentre as condições de boa formulação de objetivos há a construção deste com linguagem no positivo, o que permite a Mente se aproximar do que se quer e não afastar-se do que não se quer, dando foco e energia ao objetivo.

Os Guias de Umbanda buscam quase sempre mostrar objetivos com linguagem no positivo. Muitos consulentes colocam frases como "não quero mais aquele cônjuge..." ou "não suporto aquele emprego". Os Guias causam a reflexão no consulente com perguntas como "entendo, mas qual seu cônjuge ideal?" ou, no outro exemplo, "qual trabalho te faria feliz?", anulando a linguagem negativa que referencia passado e busca a percepção daquilo que o consulente quer, voltando-o ao presente e direcionando-o ao futuro.

Perguntas como estas estão entre técnicas da PNL, como perguntas de Meta Modelo de Linguagem, amplamente utilizadas pelos Guias.

Aliás, é muito comum ver consulentes buscando saírem de uma infelicidade, às vezes dizendo-se infelizes, sem sequer saber o que significa felicidade para si mesmos. Neste ponto, comum ver Guias perguntando "o que te faz feliz?" ou, metaforicamente dizendo, como os Erês, "do que o tio gosta de brincar?".

Perceba que ambas as perguntas levam o indivíduo a refletir sobre o que ele quer, não focando mais nas mazelas e sofrimentos do passado, mas no presente e futuro, pois nada há a ser mudado no passado. Há uma possibilidade de ressignificar o passado, mas isso ocorrerá agora, no presente. Portanto, é inútil ficar focado no passado.

VISÃO NEUROLINGUÍSTICA

Os Guias sabendo disso, utilizam as estruturas mentais no sentido de construir opções de um novo presente.

Opções e escolhas

Nem todo consulente que vem à Umbanda é umbandista, muitas vezes sequer sabe o que é Umbanda, dizendo-se até mesmo professar a fé em outra religião. Mesmo assim, os Guias de Umbanda fazem seus atendimentos sem qualquer questionamento ou imposição, mesmo porque, como se diz na Umbanda, nem Caboclo, nem Preto Velho nem Erê foram umbandistas.

Há o respeito total à crença do consulente, mesmo que essas crenças sejam carregadas de culpas, rancores, medos e temores, coisas contrárias às pregadas pelos Espíritos de Luz. Até questões como pecado, inferno e punição são abordadas com muito critério, respeitando a crença do consulente.

Em geral, os Guias da Umbanda procuram mostrar caminhos mais leves, menos privativos e dolorosos, apresentando opções às crenças do indivíduo, mas sem impor-lhes nada.

Desde que estejam dispostos a ouvir, suas crenças nunca são desafiadas ou colocadas em confronto. Quando muito, e isso é para o caso de haver ressonância e receptividade do consulente, os Guias apresentam opções de crenças, com o intuito de gerarem reflexão, deixando o indivíduo aberto a duvidar de suas próprias crenças. Os Guias não procuram mudar o indivíduo, mas alertá-lo que pode haver um sistema de crenças diferente, que leve a comportamentos e resultados melhores.

UMBANDA E A NEUROLINGUÍSTICA

Caso os Guias de Umbanda tentassem "converter" o consulente à crença umbandista, estariam agindo fora da "Lei", corrompendo ou tentando corromper o Livre Arbítrio alheio.

Sabemos que há lugares onde há imposição sobre o que o outro deve ou não fazer, chegando ao ponto de definir atitudes e tomar decisões pelos consulentes e mesmo pelos filhos da casa. Se há o Livre Arbítrio e existe o respeito a esse conceito e ao outro, jamais se deveria tirar a possibilidade de decisão do outro. Aliás, tais imposições ocorrem até mesmo de forma coercitiva, com ameaças de consequências terríveis, imputando culpa aos que não seguem tais imposições. Certamente não é Umbanda, onde o autoritarismo toma o lugar do Livre Arbítrio, consentido ou não.

Onde o indivíduo segue as "ordens" de um superior, seja dirigente do local ou Guias, sua responsabilidade sobre os resultados fica quase nula, como numa escolha de isentar-se de escolher, colocando toda a culpa pelo resultado nos outros.

A Mente Humana, segundo a PNL, irá buscar seus objetivos desde que estejam formados de forma ecológica, alinhados com seus valores pessoais, onde se verifique a disponibilidade de habilidades e principalmente merecimento.

No entanto, todo movimento pelo objetivo deve ser iniciado e controlado pelo indivíduo. Sem esses requisitos, há grande chance de não alcançar tais objetivos. Então, é de se notar a importância da própria escolha do que se quer. Ao delegar a decisão ao outro, mesmo que haja transferência de autoridade, a mente passa a sabotar inconscientemente o caminho ao objetivo, mesmo que conscientemente haja o desejo "incutido".

42

VISÃO NEUROLINGUÍSTICA

Na Umbanda há o respeito ao mapa do indivíduo, que se compõe de suas crenças, habilidades e comportamentos. Na visão dos Guias de Umbanda pode-se notar um nível sistêmico, onde são levadas considerações ao consulente de maneira aberta, sem imposição, respeitando o mapa, dando a oportunidade de ver novas opções e escolher conforme seu próprio Livre Arbítrio, sem ameaças ou indicações de culpas e remorsos.

Se a vida é uma arte de fazer escolhas, e na Umbanda podemos ver novas opções sugeridas pelos Guias, pois quanto mais opções temos maiores chances de boas escolhas, nossas decisões são o verdadeiro exercício de vida. Deixar as decisões aos outros sobre nosso destino, é como estar morto.

Se a Umbanda é vida, seus Guias entendem a necessidade de não impor decisões, mas ajudar a reflexão para novas opções.

Teimosia ou ego

"Você quer mesmo, ou está fazendo isso por teimosia, ou está querendo provar algo a alguém?"

Essa foi a pergunta de um Preto Velho, profundo conhecedor da PNL, mesmo sem saber nada sobre esse recente campo de estudo.

Na PNL, a criação de um objetivo passa pelo mapeamento do Estado Atual e do Estado Desejado, quando no primeiro levantam-se todos os recursos do indivíduo e no segundo, com uma boa formulação do objetivo, se define e descreve onde irá se chegar. Ao terminar as definições, aliadas a técnicas como

Ponte ao Futuro, a mente inconsciente é impelida a iniciar a jornada ao objetivo.

Em alguns casos, os objetivos são relativamente longos e demandam tempo para seu atingimento. Durante esse processo é comum vermos pessoas justificando suas tarefas em prol do objetivo traçado com frases como: "estou fazendo isso para chegar no meu objetivo..." ou "tenho que fazer isso pois defini isso para mim...". Uma vez traçado o objetivo, vão em direção a ele sem questionamentos, como um trem expresso com uma única parada programada.

Ter dúvida é um sinal de inteligência, ao passo que estar certo em tudo é sinal de arrogância. Apesar desta frase ser uma crença, pense nisso!

Evidentemente não estamos a incentivar a duvidar do atingimento dos objetivos traçados, mas estar "aberto a duvidar", dando a possibilidade de novas opções.

Quando o Preto Velho pergunta se é teimosia ou ego, está buscando extrair a verdadeira motivação para se fazer o que está sendo feito.

Em seguida, perguntas como "para que está fazendo isso?". É radicalmente diferente da pergunta "porque está fazendo isso?". Quando se pergunta "para que" volta-se para a frente, analisa-se o futuro, pede-se o objetivo do comportamento. Ao contrário, ao perguntar "por que" está-se colocando o indivíduo de costas, voltado ao passado, fazendo-o remoer os acontecimentos, com a possibilidade do aprendizado, mas com o risco da instalação ou reforço de culpa. Melhor é voltar ao futuro com a pergunta "para que?".

VISÃO NEUROLINGUÍSTICA

Além de direcionar ao futuro, os Guias buscam também uma reflexão sobre o "agora", tirando o indivíduo do automatismo na simples pergunta "está feliz fazendo o que está fazendo?" Essa pergunta, aliada ao "para que" situa o sujeito no presente voltado para o futuro, dando condições para perceber se o objetivo a ser alcançado ainda é válido e está congruente com o sujeito.

Essas questões geralmente são feitas de maneira simpática, amigável, simples e com uma linguagem sem rodeios. A eficácia é enorme e em poucas palavras causam o impacto necessário para retirar o indivíduo da inércia ou do automatismo.

Equilíbrio

Em diversas sessões de atendimento vemos os Guias de Umbanda falarem a respeito de equilíbrio, moderação, prudência e outras virtudes que podem ser cultivadas nas mais diversas áreas da vida.

Essa necessidade de equilíbrio é mais perceptível quando falamos de coisas que aviltam o ser humano, como o uso de drogas, álcool, jogos, etc. Cabe dizer que esses e outros comportamentos tem seus prazeres, e é exatamente por causa desse prazer e seus ganhos secundários, podem levar ao vício.

O estímulo inicial, em muitos casos, é devido ao ganho secundário e o hábito, ou vício, é desenvolvido pela percepção do prazer alcançado com o uso repetido.

Por exemplo, uma pessoa muito estressada, toma uma dose de bebida destilada e sente o relaxamento físico e mental

UMBANDA E A NEUROLINGUÍSTICA

a partir do efeito do álcool. A sensação de "melhora" causa um prazer e esse prazer, buscado de forma contumaz, pode desenvolver um vício.

Essa é uma das estratégias de instalação de vícios, quando mesmo inconsciente, o sujeito busca prazer.

O fato é que todo comportamento tem uma intenção positiva (pressuposto da PNL) e a busca do prazer, aliada ao desequilíbrio alertado pelos Guias de Umbanda, pode conduzir a um vício.

Além do consumo de álcool e drogas, há outros comportamentos que geram prazer e podem desencadear vícios, como sexo, comida, e coisas que nem mesmo pensamos a respeito, como evoluir ou ganhar dinheiro. Imagine uma pessoa que tem uma empresa e tem enorme prazer em vê-la crescer. A cada mês, com melhor desempenho, mais prazer e satisfação.

Em desequilíbrio, esse prazer de trabalhar em prol do crescimento da empresa visando mais prazer pode, de maneira repetida, gerar um automatismo, um verdadeiro vício em trabalho, pois ele alimenta o crescimento, que alimenta o prazer. Existe um nome no meio corporativo para esse sujeito nesse estado: *WORKAHOLIC*.

O mesmo funciona para ganhos de dinheiro, prazer sexual, exercícios físicos, todos sendo alimentados pelo prazer.

Acontece que todo o prazer obtido passa a ficar "comum", gerando a necessidade de se ter cada vez mais prazer. A busca por mais prazer e em maior intensidade faz com que o indivíduo fique "cego" para os sinais que o corpo físico dá ou que os sistemas familiares dão, deixando-o no "piloto automático" pela busca do prazer, utilizando-se de "doses" cada vez maiores para atingir um ponto do prazer jamais alcançado. No caso de álcool e drogas, overdose. No caso de sexo, promiscuidade. No caso de comida, obesidade mórbida. No caso de dinheiro, trabalho, evolução e crescimento, estresse. Todos com finais implicando complicações emocionais, físicas e até a morte.

O alerta dos Guias de Umbanda mostra o desequilíbrio pessoal e as consequências aos sistemas envolvidos. E mesmo tendo a consciência de haver certo desequilíbrio, o indivíduo passa a justificar seus vícios com expressões como "não consigo...", "não se pode parar..." ou "estou tão envolvido...".

Certa vez, um caboclo disse "todo desequilíbrio não corrigido leva mais cedo ou mais tarde à morte". Para o reequilíbrio é necessário ter consciência de onde se está e de onde se quer chegar, aliada às perguntas: "existe uma maneira melhor de se atingir meu objetivo?"; "estou feliz nessa busca?"; "as pessoas à minha volta são felizes pela minha caminhada?".

Evolução X Medo

Evolução só ocorre quando existem mudanças. Na estagnação, nunca haverá evolução.

O que se pede normalmente a um Guia de Umbanda? Um auxílio para a evolução: evolução pessoal, material, emocional e, de um modo mais elevado, evolução da humanidade, evolução do planeta.

O indivíduo pede mudanças e acredita, à primeira vista que as mudanças devem ocorrer no plano físico: mudar de

UMBANDA E A NEUROLINGUÍSTICA

emprego, mudar de casa, etc., mas as mudanças mais importantes são as mudanças que ocorrem dentro do indivíduo, as mudanças internas. Mudanças na forma de ver as coisas, na forma de valorizar os grupos aos quais se pertence, na forma de ver a sociedade. Devido a estas mudanças, muitas coisas perdem o sentido e outras tomam uma dimensão muito maior.

Isso mostra claramente que iremos sair da tal "Zona de Conforto", que é exatamente o que pedimos quando buscamos evolução. Não digo que estas mudanças acontecerão sem esforço ou sem dor, mas sem elas não haverá crescimento. Há que se enfrentar as mudanças e suas eventuais dores para desfrutar de algo novo e belo.

Na PNL entende-se que o caminho entre o Estado Atual e o Estado Desejado seja percorrido consciente ou inconscientemente, e os percalços serão vencidos mais facilmente quanto maior for a disponibilidade de recursos como foco, flexibilidade, resiliência, etc.

Toda essa teoria sobre mudança e evolução tem um impacto relativamente pequeno quando comparada à sua aplicação prática na vida. E por ser a teoria e a prática tão diferentes é que, muitas vezes, há um medo de permitir que as mudanças ocorram. Claro que o futuro é duvidoso, principalmente quando se vislumbra transformações à frente. Mas é nesse momento que devemos perceber que não estamos, e NUNCA ESTIVEMOS sozinhos.

Os Guias de Umbanda estão sempre a reforçar nossa Identidade e o Sistema onde estamos inseridos, citando nossa imensa família espiritual que está ao nosso lado, intuindo e amparando, mostrando os caminhos mais seguros e retos para nossa jornada. Só o fato de perceber que esta família está presente e atuante já nos faz questionar: "Por que medo de mudar?" Em alguns momentos, este medo pode fazer com que não ouçamos estes verdadeiros amigos, mas eles estão sempre fazendo de tudo para auxiliar nossa caminhada.

Ao longo da vida sempre mudamos, sempre evoluímos, minuto a minuto, num processo que podemos chamar simplesmente de VIDA! O coração bate continuamente, as unhas estão a crescer constantemente, o corpo a se modificar o tempo todo. Viver é estar em mudança! Então "Por que medo de mudar, se é isso que você já faz o tempo todo?"

E como perguntou um Exu: "Você tem medo de mudanças? Então você está com medo de evoluir?"

Não-Julgamento

O ato de julgar a tudo e a todos é um comportamento altamente incentivado por diversas crenças na sociedade contemporânea. É como se estivéssemos a enfrentar os outros, as ideias, os grupos, separando-nos deles para assim, ao julgarmos o que está fora de nós, encontrássemos o "inimigo" a ser combatido, numa "guerra" imaginária e interna, fomentada pelas crenças sociais.

Nessa sociedade, parou-se de amar e passou-se a "lutar" pelas posições políticas, pelas condições de vida de uma pessoa ou grupo, por reparações de agressões cometidas no passado a determinado grupo, por gênero, etnia e tantas outras coisas.

UMBANDA E A NEUROLINGUÍSTICA

Entendo que existam grupos que, infelizmente, foram e ainda são menosprezados, ridicularizados, diminuídos e mesmo violentados de várias formas, mas quando esses mesmos grupos de pessoas desrespeitam aqueles que lhes desrespeitaram, segregam aqueles que lhes segregaram, machucam aqueles que lhes machucaram, estão fazendo exatamente o mesmo que seus algozes fizeram, tornando-se iguais aos "inimigos".

A vingança é uma das molas propulsoras de muitos movimentos.

Não estou dizendo que direitos não devam ser exigidos, mas de que forma isso vem acontecendo?

Façamos um exercício mental: imagine um grupo de cem pessoas, tão heterogêneas quanto à própria sociedade e, uma parte deste grupo destaque uma característica qualquer, como por exemplo, ser portador de tatuagens. É natural que o ser humano busque unir-se à pessoas com afinidades e semelhanças. Assim, à medida que a tal característica seja mais evidenciada, maior a separação entre o grupo de pessoas que tem tatuagens e pessoas que não as tem. Aquele grupo de pessoas que viam semelhanças entre si, agora se divide em dois. Pode-se perceber essa separação até fisicamente, quando aqueles que têm tatuagens não se sentam próximos nem conversam com os outros. Os relacionamentos e comportamentos sociais mudam.

E é nessa fase que entra o julgamento, onde há a crença, talvez com arrogância, que se estou inserido num grupo, este grupo deve estar certo. E indo mais longe, se o grupo ao qual pertenço está certo e o outro grupo é diferente, às vezes até visto como contrário, certamente o outro está errado.

VISÃO NEUROLINGUÍSTICA

E a separação ocorre. Onde antes todos se amavam e cresciam juntos, agora fica nítido dois grupos que "combatem" entre si por uma característica que, frente à essência do ser humano, é infinitamente pequena.

Essas pessoas esquecem que os reais objetivos de todos é, ou deveriam ser, amar a todos e ser feliz com todos. Ao focarem na diferença, tornam-se rancorosos, briguentos, arrogantes e bloqueiam toda a chance de olhar o outro como igual.

E esse comportamento focado na diferença é movido por tanta emoção, às vezes até descontrolada, que acaba por comover pessoas que nem participam de qualquer grupo. Estes comovidos, numa intenção de serem solidários e tendo bom coração, vendo que existe dois grupos colocados distintamente entre vítimas e vilões, tomam partido, julgando que as vítimas devem ser salvas dos ataques dos vilões. Surge o que se chama em Análise Transacional de "salvadores". E o reforço desta posição de salvador, apoiado e aplaudido pela vítima fomenta ainda mais o afastamento das partes. O efeito no salvador é ainda mais profundo, pois em sua nova forma de agir, julgando e lutando por um grupo no qual nem está inserido, passa a não ouvir mais racionalmente sobre a questão onde nenhum argumento mudará sua opinião, como numa espécie de imunidade cognitiva, quase um fanatismo. Mais um que se afastou do amor e esqueceu que na essência somos todos iguais.

Só se ama o outro pelas semelhanças. Assim é a percepção do ser humano. Por uma atitude instintiva egocêntrica, o que é diferente do indivíduo causa afastamento de si, tornando difícil a empatia e o consequente comportamento de amar.

UMBANDA E A NEUROLINGUÍSTICA

Isso é corroborado de forma milenar, quando as religiões colocaram a máxima de que "Deus criou o homem à sua própria imagem e semelhança". As religiões já sabiam que se o "Deus" fosse diferente do ser humano, este teria grandes dificuldades em relacionar-se, pois não sendo semelhante teria um distanciamento natural, o que diminuiria a possibilidade de culto e "amor a Deus".

As religiões com cultos à natureza também buscam mostrar a semelhança entre a Divindade e o ser humano, quando apresentam os quatro elementos da natureza e suas variações como sendo a expressão da Divindade, apresentando ao ser humano que seu próprio corpo carnal é uma composição dos quatro elementos. Evidencia semelhança para que haja empatia, afinidade possibilitando o "amor".

Ir contra as semelhanças, ou mesmo ressaltar as diferenças, dificulta o amor. E sabemos que o amor tem ação agregadora.

Estabelecendo um silogismo, quando vemos diferenças, desagregamos. Ao desagregar, dificultamos o fluxo do amor.

Então não existem diferenças? Sim, existem. Mas onde está o seu foco? Seu esforço é unir o grupo, a humanidade em torno das semelhanças e amor, ou em evidenciar ainda mais as diferenças, gerando separações, combates e lutas?

Assim como todas as religiões, Umbanda é amor! Se não há amor, não é religião! Na religião de Umbanda o amor está claramente representado no Orixá Oxum, que igualmente derrama suas vibrações de amor sobre todos, indistintamente, juntando "seus filhos" sob a mesma proteção.

52

VISÃO NEUROLINGUÍSTICA

Exatamente contrária à desagregação e ao foco na separação estão os verdadeiros Guias, que frente a um consulente JAMAIS julgam a maneira de viver dele, sua religião, seu gênero ou etnia, não expõe as fraquezas e não diminui ninguém.

Um verdadeiro Guia respeita o livre arbítrio do outro espírito, não julga se mulher é melhor que homem, se pele branca é melhor que pele negra, se ser heterossexual é melhor que ser homossexual ou se esta ou aquela religião é melhor.

As palavras são sempre de acolhimento, ou propiciando reflexão sobre os comportamentos ou mesmo de advertência a eventuais consequências, mas NUNCA de julgamento.

Respeito sempre!

Nesses anos, nunca ouvi de um verdadeiro Guia incorporado uma frase sequer sobre uma característica ser melhor ou pior que outra. Nem mesmo sobre a necessidade de existir compensações ou reparações a qualquer grupo, pois no pressuposto de qualquer necessidade de reparação estaria a separação de grupos, o que inviabilizaria o exercício do amor.

No arquétipo de Preto-Velho jamais presenciei, na sabedoria anciã, palavras de que o sofrimento impelido a um grupo étnico deveria ser compensado. Muito pelo contrário, o Preto-Velho perdoa e pede perdão, usando o fator agregador do AMOR para corrigir atitudes, seja de quem for.

No arquétipo de Pomba-Gira nunca ouvi palavras que denegrissem o masculino em relação ao feminino, mesmo porque um jamais existiria sem o outro, e num contexto mais amplo, um espírito evoluído entende que somos todos uma partícula do Todo, todos somos iguais na Divindade e pregar uma diferença seria gerar afastamento também do ser humano em relação à Deus.

Tenho comigo que se um Preto-Velho perde a calma, se uma Pomba-Gira age gerando afastamento ou desamor, se um Erê briga ou ofende ou qualquer outro "deslize" do que está representado no arquétipo ali incorporado só pode ser resultado de uma dessas duas coisas: ou o espírito incorporado é um "egum" onde o médium vive um engano, ou o médium está interferindo imensamente com seu ego naquele momento.

A Consciência Maior pregada por todos os verdadeiros Guias é conseguir enxergar o AMOR e entender que ele é maior e mais forte que qualquer força empregada numa batalha de imposição de ideias e conceitos.

Será que para entender o verdadeiro amor, é preciso vivenciar o julgamento e a guerra. Penso que basta a consciência que somos todos um.

Evoluir? AMAR.

Fé

A fé que os Guias de Umbanda propagam é absolutamente mal compreendida pelas pessoas.

Ter fé é sentir como verdade o que já é, mesmo que ainda não esteja realizado ou conquistado. Não é ter esperança de..., nem acreditar em..., é muito mais do que isso.

Quando o Guia fala "tenha fé", nosso primeiro movimento é pensar (Plano Mental) na conquista do objetivo, porém

VISÃO NEUROLINGUÍSTICA

de uma forma muito mais profunda, a referência à fé significa sentir, dentro do próprio ser, que tudo já está resolvido, com todos os recursos necessários disponíveis e já atuando pelo objetivo.

Fé, no sentido religioso, é muito maior que o nível neurológico de crenças, na estrutura neurolinguística. Fé está mais próximo de uma crença-sistêmica, quase como um valor de vida que dá suporte e estrutura todo o indivíduo. Se uma crença pode ser alterada a partir da identidade ou exigência do sistema, um valor suplanta a energia do sistema, quando podemos dizer que entre participar de um sistema ou manter íntegro um valor de vida, caso sejam conflitantes, o indivíduo tenderá a manter o valor individual e romper com o sistema.

Esses valores são construídos desde a mais tenra idade, reforçados por todas as experiências vividas. Todos os ambientes vividos estão em conformidade com esses valores e se não estiverem certamente serão abandonados.

Assim também acontece com os comportamentos, que são congruentes ao longo da vida com os valores individuais. Os aprendizados, habilidades e capacidades adquiridos por toda a vida estão sempre direcionados a atender tais valores.

As crenças são criadas de forma congruente com os valores, permanecem e se reforçam, criando um sistema de crenças onde estas gravitam em torno dos valores.

Todo esse sistema de crenças, habilidades, aprendizados, comportamentos e ambientes suportam nossa identidade que, em maior ou menor grau, participa de sistemas, cuja estrutura sem conflitos, apresenta congruência com os valores da vida.

É nisso que a Fé, preconizada pelos Guias, está tão próxima de nossos valores. Sentir algo já conquistado ou atingido passa necessariamente pela congruência com todos os níveis neurológicos.

Ter fé que a vida irá melhorar, mas ter a crença que não se têm habilidade para isso, causará um conflito onde nada irá mudar. Ter fé que teremos um novo emprego, mas tendo eventuais comportamentos e ambientes não sendo congruentes, impedirão o objetivo.

Fé incongruente com a estrutura subjetiva do indivíduo, é nula.

Portanto, quando o Guia fala em "Ter Fé", está dizendo que o indivíduo, em seu todo, deve sentir que seus comportamentos estão de acordo com aquilo almejado, que é capaz de lidar com todos os eventuais percalços e exigências, que acredita ser merecedor e digno da conquista e que todos os núcleos onde participa estarão de acordo com o alvo da Fé.

Estar inteiro no objetivo é a recomendação dos Guias. Fé é estar inteiro na conquista já efetivada internamente, mesmo que ainda não realizada na Realidade Objetiva.

Orar

O ato de se comunicar com a Divindade é natural no ser humano desde que percebeu que havia algo Superior, com uma Força Maior e que Seu poder suplantava a força do homem, até mesmo de seu conhecimento.

VISÃO NEUROLINGUÍSTICA

Ao entender sua inferioridade frente à Divindade, o ser humano passou a clamar, pedindo interseção da Divindade para atender seus desejos e necessidades.

Esse clamor se manifestou de diversas formas, com diferentes métodos ou rituais, desde o sacrifício de jovens donzelas oferecidas para que houvesse bom clima para colheitas, como sacrifício de animais para eliminar mazelas espirituais ou atos de auto penitência para retirar eventuais culpas internas.

Claro que estes exemplos parecem atrasados e, para muitos, beiram a superstição e ignorância. Entretanto mostram a mesma estrutura, apesar da crueldade dos atos físicos, que os clamores a partir das orações realizadas à Divindade, vistas hoje em dia.

As orações, rezas, preces e ladainhas são invocações e pedidos, verbalizadas ou mentalizadas, para interseção da Divindade para um fim específico, muitas vezes egoísta, visando proveito próprio para si ou para um clã.

Tais orações podem ser separadas em dois grandes métodos: as orações repetitivas e as espontâneas.

As orações repetitivas onde ocorre uma falação repetidamente monótona, muitas vezes tediosas, sempre repisando os mesmos pedidos e mesmas ideias, traz palavras decoradas quase sem pensamentos envolvidos, muito menos emoções.

Sua execução não alcança sequer o sistema límbico cerebral, responsável pelas emoções e que potencializa possíveis alterações de crenças e consequentes alterações de outros níveis neurológicos, como capacidades e comportamentos. Falar a reza, sem pensamento ou emoção, neurolinguisticamente é quase nulo, à exceção da repetição e reafirmação do conteúdo, que reforça a energia de eventuais crenças ligadas à queixas, pecados e outros pesos.

Uma frase que expressa o efeito dessas rezas é "uma mentira contada várias vezes pode se tornar verdade". Assim, se o rezador profere frases repetidas como "rogai por nós pecadores" de forma automática, instala-se uma crença onde "somos pecadores" sem qualquer ato cometido. A frase dita repetidamente "livrai-me de todo mal" traz a crença de que "o mal está para me pegar", instalando-se uma crença de insegurança, mesmo sem nenhum trauma ter acontecido.

A outra forma de oração é a espontânea ou criada, onde ressalta-se as questões de verbalização de crenças, mágoas e outros pensamentos que, repetidos, reforçam crenças transformando a identidade do indivíduo, tornando-o congruente com as mazelas que ele pensa afastar quando reza, mas que o aproxima ainda mais pelo foco que ele deu.

Na oração criada há ainda um ponto importantíssimo, que segue a estrutura da reclamação, ou seja, tornar a clamar por algo.

Quando executa-se uma oração e nesta há um pedido, a crença é que a Divindade ouvirá e atenderá o anseio do rezador. O cérebro do rezador ao pedir CRÊ que será atendido. Numa outra oportunidade, o rezador torna a pedir, torna a clamar, reclamar o pedido feito. Duas falhas, quase nunca questionadas, acontece do ponto de vista da neurolinguística, a mente coloca esforços, foco e energia no ato de alcançar o objetivo na primeira vez do pedido, porém ao repetir, a energia

VISÃO NEUROLINGUÍSTICA

colocada na crença de alcançar o objetivo cai por terra, pois é como se o indivíduo não acreditasse na possibilidade de alcançar e necessitasse reforçar o pedido.

A mente desqualifica o primeiro pedido e, com o segundo e os sucessivos, passa a não dar o mesmo foco e energia, visto a existência de dúvida no próprio pedido ao reclamar o objetivo.

Do ponto de vista religioso, imagina-se, como pressuposto, que a Divindade é Onipotente, tudo podendo, ou seja, no primeiro clamor Ele ouviu a prece, porque nada Ele ignora, pois sabe tudo. Mas a fé do rezador é totalmente abalada quando torna a pedir, como a não acreditar que suas preces foram ouvidas. A rigor, nem haveria a necessidade de pedir, visto que a Onipresença da Divindade estaria dentro dos pensamentos do rezador, sendo desnecessária a verbalização, mesmo entendendo que a palavra/verbo têm poder, inclusive de forma mística na emanação da vibração sonora.

Pedir de novo é duvidar que a Divindade ouviu, ou uma tentativa de convencimento em realizar a vontade do rezador. Neste segundo caso, é como se a força do pedido do rezador fosse maior que a definição da Divindade, na busca de realizar ou mesmo antecipar a conquista. Ora, no livro dos cristãos está escrito "pedi e recebereis" e se essa é a crença por trás das orações, deve entender que não está escrito "insisti e recebereis".

Insistir é como um ato de incredulidade na Divindade a partir do primeiro pedido.

E qual a forma de orar?

Se levarmos em consideração o lado religioso onde a Divindade sabe tudo e pode tudo, Ela já entende suas necessidades e anseios, seus desejos e vontades, nada sendo necessário pedir. Porém, se há a vontade da verbalização, que seja feita de maneira sincera, inteira, emocionalmente envolvido e uma única vez.

Se levarmos em consideração a neurolinguística, quando a Mente Consciente percebe os anseios e está calibrada com a Mente Inconsciente, nada há a pedir, pois ambas se movimentam no sentido do atingimento do objetivo.

E se ainda considerarmos o Monismo, conceito grego que afirma que tudo está ligado e forma uma única substância, o Todo, então a Divindade não só está em nós, como nós somos parte Dela. Então não há motivos para pedir algo externamente.

Como muitos dizem sem sequer pensar nisso, "a Divindade está em nós", logo o que queremos também é uma vontade da Divindade, nada a pedir.

Portanto, a oração a ser feita, ou melhor, sentida em todo o ser, em todos os níveis neurológicos, do cérebro Neocórtex ao reptiliano, passando pelo sistema límbico, é Agradecer.

O sentimento de Gratidão nos dá recompensa pelo que já conquistamos e aprendemos, reforça nossas capacidades e habilidades, nos dá a sensação de alegria, tornando possibilitadoras nossas estruturas de pensamentos e crenças.

Ser grato traz a sensação de potência ao próprio indivíduo, visto que o foco está em todas as conquistas que já ocorreram, explicitando o poder de conquistar do indivíduo. Essa gratidão, seguida desta visão de poder do indivíduo, reforça a crença possibilitadora do "eu posso", tornando-o cada vez mais capaz e forte.

VISÃO NEUROLINGUÍSTICA

A gratidão tem ainda o poder da atração, visto que a Mente Inconsciente avalia como positivo tudo o que foi conquistado, impelindo-a a trabalhar ainda com maior foco por mais conquistas.

Rezar e orar pedindo sugere carência, algo que não se tem, apontando à Mente Inconsciente um cenário limitante e de impossibilidades. Orar uma vez é a verbalização do pedido, mesmo que reforçando a carência, aquilo que não se tem, já é melhor que pedir e pedir repetidamente. Reclamar não adianta, até mesmo atrapalha e reforça crenças limitantes.

Já a gratidão apresenta o cenário de objetivos vencidos, conquistas e realizações.

Agir em prol do objetivo é ainda melhor. E se agir sendo grato por tudo o que se tem, sabe e é, será totalmente possibilitador.

Metáforas

As formas de ensino e aprendizados variam em profundidade, absorção e velocidade. Alguns ensinamentos são transmitidos rapidamente, mas o aprendizado é lento. Outros ensinamentos mais profundos têm uma absorção muito pequena e mesmo ensinamentos superficiais podem não ser totalmente absorvidos, dependendo da forma como foram conduzidos.

A arte de ensinar e aprender possui muitas variações, devendo-se destinar um bom tempo de reflexão sobre o tema.

A PNL possui um cabedal de conhecimento sobre como funciona a aprendizagem e como o ensino pode ser mais eficaz.

UMBANDA E A NEUROLINGUÍSTICA

Verdadeiros tratados foram desenvolvidos sobre níveis de aprendizado, pedagogia e andragogia e mais especificamente na neurolinguística, sobre os níveis neurológicos envolvidos no ensino e aprendizado e suas consequências.

Sabemos que por exemplo, ouvir, ler ou ver uma lição tem uma absorção muito menor do que realizar algo. E sabemos também que uma explicação prática é muito superior a uma aula meramente teórica.

Como se diz, "uma imagem vale mais que mil palavras" e podemos afirmar que "um exemplo vale mais que mil explicações".

Tudo isso embasado em como a Mente Humana funciona, detalhadamente estudado através de experimentações e modelos, largamente discutidos pelos pensadores entendedores da área.

Por isso, o uso de metáforas é tão importante nos levantamentos de realidade subjetiva e ressignificações de crenças e comportamentos. As metáforas possuem algumas características como "desenhar" imagens ao indivíduo, sem impor-lhe um ensinamento, permite que a mensagem seja em forma de exemplo, derruba eventuais resistências emocionais, pois afinal, trata-se de uma "estória" e não diretamente da vida do indivíduo, deixando-o tranquilo quanto a ser ou não invadido em suas convicções.

As metáforas representam uma excelente ferramenta neurolinguística, que mantém a ecologia do sistema no momento terapêutico.

Nos atendimentos de Umbanda, os Guias muitas vezes se valem de metáforas para dar suas mensagens, criadas, como

VISÃO NEUROLINGUÍSTICA

é frequente, utilizando cenários e estórias dentro do próprio arquétipo onde estão inseridos.

A utilização de estórias dentro do arquétipo, transformando-as em metáforas carregadas de mensagens contundentes é notória nos atendimentos.

É comum ver um Preto Velho se referir ao tempo de senzala para falar, por exemplo, de liberdade, resignação, paciência ou outro.

Muito comum ver um Marinheiro falando do agito do mar e do balanço do navio para se referir, por exemplo, às vicissitudes e ao fluxo da vida.

De uma forma direta, mas não menos metafórica, vemos um Exu falando de correntes, nós ou cercas referindo-se aos bloqueios que impomos a nós mesmos.

Ao bem observar os Guias, veremos toda uma técnica neurolinguística, aplicada naturalmente durante os atendimentos, utilizando-se quase sempre de metáforas.

Âncoras

É inegável o poder energético de vários elementos usados na Umbanda. A limpeza áurica com ervas, purificação do ambiente através da defumação ou de um "bate folhas", descarrego de um banho e tantos outros exemplos podem ser dados que provam o poder dos elementos. E ainda podemos mencionar a irradiação das pedras, do poder da chama, das velas, do fogo, e mesmo das águas, do pó de pemba, óleos, essências e etc.

UMBANDA E A NEUROLINGUÍSTICA

Mas para além do poder magístico, atuante no plano espiritual e psíquico com reflexos óbvios no plano físico, está a influência desses elementos e manipulações no plano mental, criando e disparando, o que chamamos na PNL de âncoras.

Âncoras são estímulos visuais, auditivos ou cinestésicos que remetem nosso pensamento a uma realidade já internalizada, trazendo sensações e sentimentos, possibilitando novas percepções sobre nossa estrutura interna.

Vamos dar alguns exemplos que quase todo umbandista e grande parte da consulência pode perceber como um disparo de âncora.

Como exemplo de âncoras visuais:

- Visão frontal do altar, em geral remetendo à espiritualidade
- Visão da vela acessa, em geral nos falando da ligação com algo Divino.
- Visão de uma guia ou cordão de contas, nos levando a refletir sobre a vibração ali contida.

Como exemplo de âncoras auditivas:

- O som dos atabaques, e mais especificamente o tipo do toque executado, remetendo a vibrações e sentidos.
- O brado do Caboclo, o linguajar característico do Preto Velho, a risada da Criança.
- O bater palmas (paô) para os guardiões da esquerda.

E como exemplos de âncoras cinestésicas:

VISÃO NEUROLINGUÍSTICA

- O cheiro da defumação.
- O sabor dos doces numa Gira de Crianças
- A vibração dos sons fortes do atabaque que fazem o próprio chão tremer.

Pelo olhar da PNL, a Umbanda é riquíssima em âncoras, que podem ter seu efeito perene, como nos casos acima e em tantos outros, ou associados a metáforas, ter seu efeito pontual, mas avassalador.

Um Caboclo levanta uma vela na frente do consulente e diz a ele que tal vela se refere ao problema a ser resolvido. Após rezas, passes e palavras mágicas o Guia segurando junto com o consulente, quebram a vela à frente dos olhos, de uma forma altamente elegante, simbolizando o "Fim do Problema". Analisando pela PNL, este ato simples vem carregado com diversas técnicas, como na Linguagem e no Transe Leve Hipnótico, quando segura-se a vela e foca-se no objeto, no envolvimento de todos os Canais Representacionais (VAC) quando da quebra da vela, tendo o olhar no objeto (visual), o barulho da quebra (auditivo) e o toque das mãos no objeto (cinestésico)

Um Preto Velho atende caridosamente um consulente ávido por um emprego, que traz seu Documento de Trabalho nas mãos para receber os bons influxos do Vô. O Guia pega o documento, abre-o e, após uma cachimbada no tabaco, joga a fumaça abençoada no documento e, quando este envolto pela fumaça, fecha-o rapidamente como a "segurar" o axé dentro do documento. Novamente afirmo que é inegável o poder desse encanto, mas é notável o poder motivacional incutido na Mente do Consulente e a imediata instalação de uma poderosa âncora, pois fica subentendido que quando o documento se abrir, parte da magia atuará, trazendo a sensação da segurança e amparo do Preto Velho ao indivíduo.

Um Erê que oferece guaraná e bolo ao consulente adulto logo no início do atendimento, numa clara atitude de trazer o adulto para a realidade infantil através do disparo de âncoras associadas à festas infantis, causando mudanças imediatas no adulto, e como ganho adicional estabelecendo o rapport para início da consulta.

Mesmo que não percebamos, os Guias, em todas as linhas de trabalho, se utilizavam fortemente de âncoras, respeitando os arquétipos ali manifestados e principalmente o modelo de mundo do consulente.

Pode-se dizer que tais espíritos trabalhadores na Umbanda trazem todo esse conhecimento sobre as estratégias mentais, modos de impulsionar mudanças, estabelecimentos de rapport, criação de âncoras, uso de metáforas e muito mais, técnicas descritas racionalmente na PNL há algumas décadas, mas já utilizadas há muito mais tempo pelos nossos Amados Guias.

Barreiras

As mudanças que as pessoas procuram passam, invariavelmente, por mudanças interiores, quer seja de ambientes (procuram lugares, casas, empregos), de comportamentos (largar vícios, mudar rotinas), de capacidades (enxergar

VISÃO NEUROLINGUÍSTICA

oportunidades, ser mais criativo) e mesmo de crenças (tirar culpas, sair da depressão). Porém, mudar interiormente exige primeiramente enxergar o Estado Atual de uma forma clara e sem distorções.

As pessoas que buscam alterações, mesmo que estejam sendo sinceras em suas intenções, podem ter Agendas Ocultas que impedem seu progresso no sentido de seus objetivos. Muitas na verdade, sequer sabem onde querem chegar, ou como chamamos na neurolinguística, o Estado Desejado.

Além da indefinição do Estado Desejado, ou o que realmente se quer, existe a visão deturpada ou mesmo míope do Estado Atual, causada por uma espécie de barreira emocional, como um verdadeiro "muro de proteção" para que ninguém veja como a pessoa é de fato. Muro tal que impede até mesmo o próprio indivíduo de se ver como realmente é.

Essas barreiras emocionais construídas para essa proteção, normalmente não são percebidos pelo indivíduo, mas os seus reflexos são sentidos em todos os aspectos da  vida, como estar fechado para relacionamentos, medo de mudanças de empregos e negócios, ansiedade e fortes reações a planejamentos futuros como viagens ou compras, entre outros.

A construção dessas barreiras, às vezes chamadas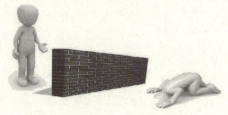

de máscaras, podem ser possibilitadoras em determinados contextos, considerando-as natural. Por exemplo, em início de relacionamento, as pessoas tendem a não mostrarem a totalidade de sua personalidade.

Entretanto, o que não é salutar é a incapacidade de perceber tais muros ou mesmo a "altura" deles, que levados a extremos, paralisam as atividades de evolução do indivíduo, numa atitude de esconder-se atrás do muro.

E com o tempo e o reforço da necessidade de esconder-se atrás desse muro, fica mais viável aumentar a altura dessa barreira, levando para todas as áreas da vida a dificuldade em manifestar-se emocionalmente como quem realmente é. Essa barreira cada vez mais alta passa a ser enxergada como "normal", reforçando-se crenças de que quanto mais escondido, mais seguro.

Tanto na PNL como na Umbanda há a identificação dessas barreiras nas pessoas que buscam ajuda. Ambas as abordagens, quer seja de um Master Practitioner em PNL ou de um Guia de Umbanda, buscam enxergar o indivíduo como ele é, sem a interferência da barreira emocional.

No caso do tratamento através das ferramentas da PNL, há a necessidade de levantamentos da Estrutura da Realidade Subjetiva do indivíduo, normalmente utilizando-se técnicas como Meta Modelo de Linguagem, Hipnose Ericksoniana, sempre aliadas à metáforas após bom estabelecimento de

VISÃO NEUROLINGUÍSTICA

rapport e utilizando os Canais Representacionais corretos. Instalação de âncoras e perfeita identificação de Meta-Programas auxiliam nessa comunicação, baixando a influência de generalizações, omissões ou distorções.

Baseado no pressuposto que Mente e Corpo formam um sistema cibernético, e que o que a Mente Inconsciente processa é revelado pela Linguagem, também baseado em outro pressuposto que diz que "não há como não se comunicar", o Master Practitioner em PNL utilizando de seus recursos "enxergará" a Realidade Subjetiva do indivíduo e administrará as intervenções necessárias, até mesmo sem conhecer a fundo os detalhes das questões envolvidas.

UMBANDA E A NEUROLINGUÍSTICA

Na Umbanda, a leitura espiritual da Realidade do indivíduo é feita inteiramente pelo Guia, que "suplanta" a barreira emocional, como se ela nem existisse.

O nível de percepção do que é real, a "verdade" nas palavras do indivíduo que busca ajuda, aliás muitas vezes nem mesmo as palavras são necessárias pois a vibração, aura e sinais físicos e comportamentais dizem muito e de forma inequívoca. Através de um bom médium desenvolvido, ou seja, um médium que nada ou quase nada interfere no atendimento, eventuais ressignificações são feitas, utilizando-se também de perguntas de Meta Modelo de Linguagem, muitas vezes com frases e sugestões de Linguagem Ericksoniana, facilitando a descoberta de novas opções de comportamentos e crenças no indivíduo.

No escopo deste trabalho não está a influência energética no tratamento do Guia sobre o indivíduo, que acreditamos que acontece e talvez seja o mais importante no atendimento, mas as ressignificações e mudanças evolutivas acontecidas nos atendimentos são perfeitamente visíveis e mensuráveis, com um índice de transformação muito maior do que qualquer tipo de terapia, com PNL ou outras ferramentas.

O que seria mais eficaz, e é a mesma meta do facilitador em PNL e dos Guias de Umbanda, é que o próprio indivíduo possa enxergar a si próprio e entender que todos os recursos para qualquer mudança re-

VISÃO NEUROLINGUÍSTICA

mediativa, generativa e mesmo evolutiva já estão dentro dele mesmo, bastando deixar tais recursos disponíveis e perceber as barreiras que o impede de prosseguir no caminho da evolução.

Não ter a dependência de qualquer coisa externa para sua própria evolução é o grande objetivo dos Guias de Umbanda, conferindo verdadeiramente o direito de decidir sobre sua própria vida, em todos os planos, de maneira plena e livre, exercendo seu total Livre Arbítrio. Isso só é possível com um salto de Consciência.

Enquanto isso não ocorre, é como se o espelho para se perceber estivesse atrás do muro, onde não há qualquer percepção de que é necessário se ver como é, em seu Estado Atual, para promover qualquer mudança. Quando muito, percebe-se sozinho, isolado do seu reflexo sem qualquer chance de iniciar uma mudança.  Pessoas ainda no "piloto automático" estão nesse momento, sem nem perceber ou mesmo querer perceber o espelho.

Num estágio um tanto mais evoluído, o indivíduo entende que há um muro, consegue até perceber a necessidade de se enxergar através de reflexão, mas ainda há resistências sobre o que irá enxergar no espelho e seu maior temor é não gostar

UMBANDA E A NEUROLINGUÍSTICA

do que irá ver. São as próprias "sombras" que ainda assombram o indivíduo.

Os Guias de Umbanda, e também o Master Practitioner em PNL facilitador do processo terapêutico, têm a intenção de colocar o indivíduo frente a ele mesmo, auxiliando a enxergar-se em sua totalidade, em sua verdade, deixando a cargo do próprio indivíduo se deve haver algum tipo de mudança. O objetivo maior é gerar novas opções de crenças e comportamentos para que o indivíduo tenha melhores chances de tomar excelentes decisões sobre sua vida.

Metaforicamente, a intenção não é derrubar o muro, mas colocar o espelho bem perto do indivíduo. Quando o indivíduo perceber sua totalidade, perceber a beleza que existe na Divindade que habita nele, ou melhor, na beleza que é ele e a Divindade juntos, perceberá também que o muro não é mais necessário, e que sejam conclusões do próprio indivíduo, nunca impostos pelos Guias de Umbanda.

O muro é ilusão. O espelho é a reflexão do próprio indivíduo sobre que é. Nem precisaria ser colocado frente ao espelho, poderia apenas sentir a Divindade e ser quem ele já é.

Posições Perceptivas

Para compreender o que alguém tenta lhe comunicar, é fundamental ter a habilidade de colocar-se no lugar dela, como se diz em PNL, colocar-se em 2ª Posição Perceptiva, como se estivesse vendo, ouvindo e sentindo o que a outra pessoa vê,

VISÃO NEUROLINGUÍSTICA

ouve e sente. Essa mudança de posição, aliada à mensagem verbal ou não verbal do comunicante oferece melhores chances de compreensão.

Um consulente que chega a um Guia de Umbanda reclamando do cônjuge, patrão ou vizinho, logo é levado a pensar no outro, nas razões que fizeram o outro a agir como têm agido, quais os pensamentos que o outro pode ter e até mesmo nas crenças dele. Colocando o consulente em 2ª Posição Perceptiva, reflexos imediatos acontecem. Perceba que tal atitude do Guia não visa mudar o consulente, mas levá-lo a refletir, em especial sobre sua própria responsabilidade no conflito. Se há um conflito, e a "culpa" é sempre do outro, quais as chances de se encerrar o conflito? Só se tem a possibilidade de fazer uma mudança num relacionamento se a pessoa assumir a responsabilidade e agir para essa mudança. A compreensão do relacionamento aumenta significativamente quando se tem mais de uma visão sobre ele.

Todo esse conceito e sua aplicação vem naturalmente nos atendimentos dos Guias.

Em alguns atendimentos analisados, pudemos perceber a condução da conversa do Guia levando o consulente a perceber inclusive 3ª e 4ª Posições Perceptivas, aumentando ainda mais a chance de compreensão do conflito.

Como exemplo, um homem reclamando das atitudes de sua esposa, chegando ao ponto de haver agressões verbais e até ameaças físicas. O homem dizia que a esposa era teimosa e fazia tudo diferente do que ele mandava, e ele perdia a calma com isso. O Guia, um Preto Velho sentado em seu banquinho, com seu cachimbo aceso, baforou suavemente sobre o homem, defumando-o. Em seguida, perguntou se ele estava contente com o que acontecia (1ª Posição Perceptiva). Após a longa resposta, o sábio negro pediu para o homem se colocar, por uns instantes no lugar da esposa para perceber quais os motivos para ela fazer diferente, visto que ela deveria ter seus motivos (2ª Posição Perceptiva). Após a resposta, ainda com certa reclamação, o Guia gentilmente perguntou ao homem como os filhos deles viam as brigas e ameaças (3ª Posição Perceptiva) e como o homem, enquanto pai, via a reação dos filhos percebendo os conflitos (4ª Posição Perceptiva). Note que apenas a mudança da Posição Perceptiva gerou muita reflexão, sem qualquer comando ou sequer sugestão de mudança de comportamento.

E ao perceber a influência sistêmica causada pelo conflito, há uma conscientização sobre a responsabilidade e poder sobre a mudança da situação.

Cambone e a 3ª Posição Perceptiva

Todos sabemos da importância do cambone nos trabalhos de atendimento, como por exemplo, a responsabilidade da sustentação do trabalho espiritual, a segurança e a integridade física do médium incorporado, além das eventuais orientações práticas ao consulente umbandista.

Agora, acompanhar os atendimentos de forma consciente é uma oportunidade fantástica de aprendizado que o cambone tem no que se refere ao modo como os conteúdos e os argumentos

VISÃO NEUROLINGUÍSTICA

fluem no atendimento. E já que o cambone está instruído para que não tenha qualquer preconceito, seja em relação aos consulentes ou mesmo às entidades, ele já está preparado para absorver boa parte do conteúdo, sem filtros e sem distorções provocadas por seus próprios conceitos.

Dizemos na PNL que a 3ª Posição Perceptiva (Posição do Observador) é a posição mais apropriada para analisar o relacionamento interpessoal, o *rapport*, os *feedbacks*, as estruturas profundas envolvidas no diálogo, ou seja, todos os recursos utilizados pelas entidades para promover uma mudança no consulente. É a possibilidade de analisar como funciona o modo de pensar das entidades.

É muito comum percebermos que as questões trazidas ao terreiro estão colocadas em níveis neurológicos relativamente básicos (em geral, comportamentos e habilidades) e as entidades transformam tais questionamentos em assuntos maiores, em níveis neurológicos mais elevados (geralmente sistêmicos). Por exemplo, imagine uma mãe que pede por seu filho para que ele pare de se drogar (mudar tal comportamento indesejado). Normalmente uma entidade levantaria questões sobre o relacionamento em família (sistema), a interligação do indivíduo com a comunidade onde vive (sistema), a responsabilidade do próprio indivíduo e sua vontade em promover a mudança (identidade) e até mesmo sobre as coisas que o indivíduo acredita e seus valores de mundo (crenças).

Promover essa mudança de nível neurológico é fundamental para que se obtenha uma mudança evolutiva da vida do indivíduo, expandindo a visão do consulente, que antes era restrita e focada num comportamento, para uma visão mais ampla de tudo o que está envolvido na situação.

Estar na posição de cambone, em 3ª Posição observando as questões, é um privilégio, pois permite perceber as estruturas de pensamento utilizadas e aprender a ver as questões e o mundo de um ponto de vista muito mais elevado.

Portanto, caro cambone, esteja atento aos atendimentos, sem interferências e sem julgamentos, e agradeça essa oportunidade de aprendizado, fazendo valer estes momentos, estando verdadeiramente presente, não só nos atendimentos, mas em toda a vida.

Posição da Divindade

Uma das coisas mais desafiantes no nosso mundo é a pessoa colocar-se em outra posição perceptiva, de forma inteira e sem julgamentos.

Colocar-se na 2ª posição perceptiva e observar como a outra pessoa nos vê, ouve e sente já necessita de um grande esforço, afinal, em maior ou menor grau, procuramos não enxergar quem somos na totalidade, visto nossas sombras, medos e vícios serem quase repugnantes para nós mesmos. Maior esforço ainda é exigido em estar em 2ª posição perceptiva e não julgar a nós mesmos e, consequentemente, não nos condenarmos.

O exercício de viver em 1ª posição perceptiva, de forma ampla, com mais consciência, maior alcance de nossas percepções do mundo já seria fantástico, pois nos mostraria

VISÃO NEUROLINGUÍSTICA

coisas muito além daquelas que enxergamos quando estamos no automatismo, no piloto automático, vivendo sem viver o máximo, engolindo sem experimentar, ouvindo sem escutar, como se tudo fosse rotina e sem graça.

Numa evolução, o hábito de se colocar em empatia com as pessoas, em 2ª posição perceptiva, estando consciente de si mesmo, seria maravilhoso, pois além de nosso próprio olhar para as questões, teríamos uma "2ª opinião", o que corresponderia à possibilidade de um grande aprendizado.

Observe que estar em 2ª posição perceptiva num relacionamento não será completo se houver julgamento. Necessário é que a empatia se dê de forma serena, com aceitação e sem qualquer tipo de preconceito.

E a Divindade? Onde estaria numa relação?

A Divindade estaria na 3ª posição perceptiva, assistindo a tudo: nossos comportamentos, nossa consciência do mundo, nossas crenças, e também assistindo a 2ª posição perceptiva, que nos vê, ouve e sente, com ou sem julgamento, concluindo e reagindo sobre os comportamentos e crenças que demonstramos.

A Divindade olharia o indivíduo e como o próprio indivíduo se vê, sem julgá-lo, criticá-lo ou condená-lo. Na 3ª posição, apenas observando o que ocorre.

Imagine-se nas relações que você tem, seja familiar, conjugal, corporativa, de amizades ou qualquer outra e procure, após colocar-se em 2ª posição e ver-se a si mesmo a partir dos olhos dos outros, "dar um passo ao lado" e colocar-se na posição de observador, em 3ª posição perceptiva.

77

UMBANDA E A NEUROLINGUÍSTICA

Observar sem julgar parece realmente ser a posição que a Divindade assume. Se ela julgasse, seria um contrassenso, pois afirma-se que Ela deu o Livre Arbítrio. Se Ela interferisse, anularia o mesmo Livre Arbítrio.

Já percebeu como os Guias de Umbanda, com grande sabedoria, não julgam, não criticam, ouvem e observam sem impor uma "solução" às questões do indivíduo?

Parecem compreender que para o sujeito evoluir e expandir a consciência na vida, deve viver de verdade sem o automatismo e se colocar em 2ª posição quando há algum conflito a ser resolvido. De formas diferentes, dão quase sempre a mesma mensagem:

- Perceba como você vê o conflito;
- Perceba como os outros veem você no conflito;
- Perceba a interação de você e os outros durante o conflito.

Nossos Guias estão sempre a nos levar a uma reflexão sistêmica das questões (3), tirando-nos dos julgamento e culpas (2) e principalmente do eventual aprisionamento por nosso próprio ego (1).

Você está preparado para abrir um terreiro?

Nos cursos de Preparo Sacerdotal ministrados pelo Dirigente de Umbanda Pai Alexandre Cumino (sua benção, meu pai!) tem-se a oportunidade de ouvir e vivenciar experiências fantásticas, em especial sobre o preparo de liderança que o médium deve ter para estar à frente de um trabalho.

Dentre as muitas habilidades necessárias para o bom desempenho deste trabalho, separei apenas três para que sirvam para nossa reflexão:

"Ser" verdadeiro

Ser verdadeiro é um grande desafio e acredito que estamos todos nos esforçando para tal.

Aprender com os "que sabem mais"

Esse aprendizado passa pela humildade e também é um caminho interior. E após tanto tempo aprendendo, penso que uma das finalidades de incorporar um Caboclo seja se "*encaboclar*", ou seja, internalizar as características inerentes ao Caboclo, como firmeza, determinação, foco entre outras tantas coisas que esses espíritos elevados têm a nos ensinar. Assim também deve ser o processo de se "*empreto-velhar*", internalizando paciência, humildade, simplicidade ou mesmo se "*encriançar*", internalizando a alegria e a pureza. Seguindo, "*embaianar*", "*emarinheirizar*", "*enciganar*" e assim com todas as linhas.

Ensinar aqueles "que sabem menos"

É neste último quesito que se encontra nosso questionamento: "Você está preparado para abrir um terreiro?". Cabe uma reflexão: o que você, como líder, está se ensinando?

Na PNL dizemos que um "modelo" pode ser modelado em todos os níveis neurológicos, ou seja, os discípulos irão modelar o mestre quanto aos lugares que ele frequenta, quanto às atitudes e ações que ele tem, aprendizados que ele adquiriu, crenças que ele tem, até mesmo quem ele é e como são as relações que ele estabelece com outros grupos.

Então, antes de decidir (ou aceitar) abrir um terreiro, pense em alguns pontos simples que servem de amostra ao que você vai "ensinar" aos liderados:

VOCÊ ESTÁ PREPARADO PARA ABRIR UM TERREIRO?

– Você cumpre o que promete na vida profana? Em seus acordos comerciais você cumpre prazos ou dá desculpas para eventuais faltas ou até mesmo foge de responsabilidades?

– Como são seus relacionamentos? São duradouros ou superficiais? Você pode se mostrar como você realmente é ou esconde fatos ou opiniões?

– Você fala demais? As pessoas ficam confortáveis numa conversa com você? Você fala mais ou ouve mais?

– O que você fala que faz realmente faz? Alardeia as conquistas? Busca visibilidade apenas pela fama ou reconhecimento?

– Você sabe mesmo ou apenas conhece? Sabedoria e conhecimento são coisas muito diferentes.

Se não consegue responder positivamente a estas afirmações, seja consciente e humilde, diga ao Caboclo que há muito a aprender e a melhorar em você mesmo antes de atender ao chamado e assumir a responsabilidade de liderar outros irmãos de branco. Estude, aprenda, evolua com humildade e, com o copo vazio, incorpore os aprendizados de nossos Guias.

Se ninguém é perfeito então sempre há pontos a melhorar, mesmo que você já seja um líder espiritual. E neste caso, peça ao Caboclo para lhe intuir nos pontos a melhorar, a menos que você não tenha nada a melhorar... (risos)...

O que um Dirigente deve saber

Um dirigente espiritual na Umbanda, como todo dirigente espiritual tem uma responsabilidade enorme sobre as

UMBANDA E A NEUROLINGUÍSTICA

pessoas que frequentam o templo, tanto responsabilidade junto aos órgãos da sociedade relativos à segurança, documentações e licenças, quanto em relação à orientação dos frequentadores sobre os conceitos e fundamentos da religião, seus rituais e metodologias, além, e talvez o mais importante, da responsabilidade junto à espiritualidade.

Para que essa direção seja exercida a contento, é necessário que o Dirigente tenha noções sobre leis e obrigações fiscais, conheça a fundo sua religião, talvez através de cursos de Teologia, Sacerdócio e outros sobre os fundamentos e rituais, tenha facilidade em comunicação e uma boa vivência em relacionamento humano.

Além de todos esses requisitos, deve entender qual o seu posicionamento frente ao grupo que dirige, qual figura terá e qual nível de atuação exercerá, o que corresponde a dizer na PNL em qual nível neurológico estará seu foco. Podemos dizer que a transmissão de conhecimento, o aconselhamento ou até mesmo uma eventual ajuda terapêutica, que gere mudanças nas pessoas, tem uma classificação quanto à atuação do agente facilitador desta mudança, atuando em diferentes níveis neurológicos, gerando mudanças diferentes, mais ou menos profundas.

Será você um guia (Nível: AMBIENTES e comportamentos)? Um guia na PNL é aquele que conhece um determinado ambiente e guia o sujeito por aquele ambiente, mostrando suas regras e como se manter em segurança, é orientado pelo contexto externo. Como exemplo, pense num guia turístico, que conhece o local e avisa dos perigos que possam estar, porventura, no caminho.

82

VOCÊ ESTÁ PREPARADO PARA ABRIR UM TERREIRO?

Será você um Treinador ou *Coach* (Nível: ambientes e COMPORTAMENTOS)? Um treinador é focado em mudanças comportamentais, com origem direta do modelo de "*coaching*" esportivo e visa ajudar o sujeito a tomar consciência de suas possibilidades e limitações e desenvolver competências. É papel importantíssimo, nesse processo, observar o treinando ou sua equipe e oferecer feedbacks para que esse(s) atinja(m) seus objetivos. Como exemplo, pense num preparador físico, ou um *Personal Trainer*, orientando-o nos diversos equipamentos para melhorar seu desempenho físico.

Será você um Professor (Nível: comportamentos, CAPACIDADES e crenças)? O papel do professor é ajudar o sujeito a desenvolver novas percepções cognitivas e novas habilidades. É função do professor, conhecer o assunto que ensina e conduzir seus alunos, não apenas no desenvolvimento de novos comportamentos, mas também no desenvolvimento de novas estratégias e mapas mentais. O Professor, apesar de não ser seu papel, pode fornecer ou não um modelo de referência de identidade para o sujeito.

Será você um Mentor (Nível: capacidades, CRENÇAS e identidade)? O Mentor é aquele que dá assistência ao sujeito enquanto este desenvolve suas habilidades e competências, apresentando seus valores e crenças, fornecendo, assim, um modelo de identidade. É comum que seja representado por um profissional com grande experiência no modelo de atuação do sujeito. Portanto, é pressuposto que o Mentor tenha experiência e domínio sobre as habilidades a serem desenvolvidas.

Será você um Patrocinador (Nível: capacidades, crenças e IDENTIDADE)? O Patrocinador oferece condições para o

UMBANDA E A NEUROLINGUÍSTICA

sujeito se desenvolver, além de orientar e servir como modelo de identidade. É comum que o patrocinador forneça condições estruturais para o desenvolvimento e aprendizado do sujeito, sendo os pais, em geral, as primeiras pessoas a atuar como patrocinadores na vida do sujeito.

Será você um *Awakener* (Aquele que desperta) (Nível: todos os níveis, inclusive no SISTEMA)? Um *Awakener* é aquele que conduz o sujeito na descoberta de Visão, Missão e Valores pessoais, ajudando-o a despertar em si mesmo seu melhor potencial. Esta atuação é delicada, pois se seu objetivo é conduzir o sujeito em seu próprio processo de descoberta e desenvolvimento pessoal, deve respeitar inteiramente suas crenças pessoais e modelo de mundo. Este "despertar" pode ser traduzido como uma reavaliação de valores e de identidade, quando o sujeito passa a olhar a sua realidade pelos seus próprios sentidos de uma forma mais profunda, despido de todos os pré-conceitos. Num primeiro momento, o *awakener* pode ser visto como um perturbador, ou até mesmo um destruidor, do antigo mundo do sujeito, e talvez o sujeito até se zangue com ele. Porém, este processo é necessário, pois não há como viver uma nova realidade sem morrer para a realidade anterior.

Conhecer qual sua atuação frente ao grupo e deixar claro a todos, é de fundamental importância para que se possa manter o objetivo da relação entre o Dirigente e os frequentadores.

O Dirigente, como um líder, deve saber criar objetivos, ter foco nestes objetivos, ter contato firme com a realidade, saber

VOCÊ ESTÁ PREPARADO PARA ABRIR UM TERREIRO?

liderar o grupo, entre outras coisas. Muitas pessoas sentem-se pressionadas nessa posição, chegando a sofrer crises de ansiedade e angústia. Para minimizar esses efeitos, é importante que tenham claras duas posições: onde estão e onde querem chegar. Essas definições causarão uma tranquilidade no desempenho das atividades, dando direção ao que está sendo feito, aumentando a segurança e a autoestima.

O que um Dirigente deve evitar

Além do que um Dirigente deve saber e fazer, existem também muitas coisas a se evitar, falhas comuns, porém com consequências negativas:

Não comunicar. Quanto mais clara for a comunicação, menores as chances de má interpretação da realidade e de proliferação de rumores infundados.

Não escutar, falar basta. É preciso escutar o que os outros tem a dizer. As pessoas se sentem motivadas quando percebem que suas ideias são consideradas.

Não liderar. Todo grupo precisa de um líder que mostre o caminho e se interesse pelo trabalho, individual e coletivo. Sua ausência causa insegurança como um barco à deriva.

Agir com parcialidade. Poucos fatores geram tanta insatisfação quanto uma atitude parcial, onde se demonstra preferências ou se dão regalias diferenciadas. Todos são irmãos na corrente e deve existir equidade, resguardada a eventual hierarquia do grupo.

85

Não reconhecer. As pessoas esperam que seus méritos e esforços sejam reconhecidos. A forma do feedback e a medição desses méritos deve ser bem pensada.

Não comemorar. Festejar as vitórias, mesmo as menores, ajuda a criar um ambiente positivo e costuma ser uma poderosa forma de reconhecimento coletivo.

Neocompetências do Dirigente

O mundo tem se transformado com extrema velocidade, visto que há poucos anos não haviam telefones celulares, *smartphones* e tantas inovações tecnológicas.

Muitas publicações em livros, áudio-livros e material distribuído na internet são coisas de uma realidade recente. Cursos presenciais e online invadem o meio umbandista, coisa impensada há 30 anos.

Hoje, um Dirigente deve, além de desenvolver-se pessoalmente, dar atenção ao desenvolvimento de grupo ligado a ele. Ter tido êxito em dirigir um grupo e ser experiente nisso não traz garantias de se enquadrar nas necessidades de hoje. Novas competências se fazem necessárias para se manter atualizado e atuante no papel de liderança.

Essas são as neocompetências, talvez relegadas a segundo plano no passado, mas vitais para a direção segura e ativa nos dias de hoje.

Talvez a mais importante das competências de um dirigente esteja ligada à <u>educação</u>, não somente educar-se e

VOCÊ ESTÁ PREPARADO PARA ABRIR UM TERREIRO?

enriquecer-se de conhecimento, mas ter a habilidade de buscar novos conhecimentos. Apenas conhecer não basta, é preciso que tenha uma visão ampla das questões que envolvem o conhecimento: entender o que se precisa conhecer, identificar no grupo falhas de conhecimento, buscar a capacitação para si e seus liderados de forma objetiva e direta e criar uma atmosfera propícia para que estes novos conhecimentos sejam colocados em prática dentro do grupo.

Um papel importantíssimo na PNL é despertar no indivíduo como "aprender a aprender": aprender mais e mais rápido, aprender de forma mais direta, interiorizar tais conhecimentos de forma visceral e principalmente aprender a distribuir tal aprendizado. Certamente a PNL e suas ferramentas podem ajudar nessa competência exigida de todos, em especial do dirigente.

Esta neocompetência está intrinsecamente ligada com outras habilidades que somente surtirão efeito quando estiverem juntas, como é o caso da educação e humildade. A habilidade de entender e aceitar que "não-sabe" é fundamental para que o indivíduo busque novos aprendizados. É bastante claro que o arrogante e prepotente pouco ou nada aprende, pois sua mente coloca-lhe no patamar de "tudo-saber", o que bloqueia a possibilidade de novos aprendizados. A humildade é o verdadeiro fomentador de novos aprendizados.

E como olhar para aquilo que "não-sabe" se não houver o motivo para aprender? A motivação é algo inerente ao verdadeiro líder, que está sempre motivado para o novo, tem sempre um motivo para agir em busca de melhores condições para si e para o grupo, busca mais habilidades para que a prática

UMBANDA E A NEUROLINGUÍSTICA

seja mais produtiva. E como já dito, a motivação deve vir de dentro, automotivação.

A motivação do dirigente irá contagiar a todos, que verão em seus exemplos de aprendizados e humildade um verdadeiro modelo a ser seguido. E para que isso ocorra, é importante que o dirigente seja <u>verdadeiro</u> e <u>autêntico</u>.

Ao despir-se de máscaras emocionais, sendo a mesma pessoa dentro e fora do terreiro, na família e na sociedade, o dirigente ganha o que chamamos de autoridade, admiração e respeito, bases para que o outro se motive a modelá-lo. Além do mais, quando a pessoa é autêntica, sendo ela mesma e vivendo a sua verdade em todos os lugares, gasta menos energia, não precisando "mentir" sobre quem ela é, sobrando energia para aprender mais, viver mais, relacionar-se mais. Então, ser autêntico é para o próprio bem.

E já que estou falando em ser um modelo, outra neocompetência importante do líder atual é a <u>solidariedade</u>, sem qualquer cunho de demagogia, entendendo que vivemos em conjunto e querer o bem e o crescimento do outro é querer que o sistema cresça, onde ele próprio está inserido. Se o grupo se desenvolve, o dirigente se desenvolve. Se cada médium cresce individualmente, certamente a corrente cresce e se desenvolve e, por consequência, o dirigente e todos do grupo crescem. É o círculo virtuoso do crescimento. E ser solidário, ensinar o que é possível, passar informações são construções de estratégias para um crescimento conjunto.

Ser modelo e cultivar o crescimento do outro se assemelha a um <u>mestre</u> que mostra com seus atos e exemplos, qual o caminho que o discípulo pode seguir. Todo mestre verdadeiro

VOCÊ ESTÁ PREPARADO PARA ABRIR UM TERREIRO?

tem dentro de si um caminho percorrido, mesmo que apenas mental, para ser trilhado e ensinado aos seus discípulos.

Discípulo, cuja origem do nome remete à disciplina, é aquele que percebe o caminho do mestre e suas estratégias e não tenta copiá-lo, mas tê-lo como modelo para seu próprio caminho. A isso chamamos de modelagem: analisamos, enquanto discípulos, o comportamento do mestre, e a partir daí fazemos do nosso jeito, com disciplina, aquilo que percebemos no Mestre através de seu exemplo.

O mestre não é um professor, assim como o líder não o é. Não tem a obrigação de ensinar formalmente, mesmo que tenha a capacidade e eloquência para transmitir informações. Professor é aquele que ensina.

O mestre também não é um guia. Pode até ter a habilidade de guiar, mas não é sua atribuição, afinal guia é aquele que pega na mão e leva. Pense num cão guia, por exemplo, que comanda o guiado, para que ambos estejam em segurança.

Um mestre é muito mais que o professor e um guia, é mais até do que um mentor, cuja atribuição é, a partir de sua sabedoria, aconselhar os passos do mentorado. O mestre é aquele que mostra, a partir de seu exemplo, o que pode ser feito. Cabe ao discípulo ter a disciplina de modelar o mestre.

Portanto, uma das neocompetências do líder atual é buscar ser um mestre, lembrando que humildade também é.

E como a modelagem pode ocorrer num todo, o grupo, liderados ou mesmo discípulos irão perceber, mesmo que ainda restem máscaras no dirigente, se este tem prazer no que faz, se gosta do que executa e mesmo se é feliz.

89

UMBANDA E A NEUROLINGUÍSTICA

Quando se ama o que se faz, deixa-se transparecer o entusiasmo e a alegria, transbordando de maneira contagiante às pessoas que estão à volta, motivando-as também. Como amar é comportamento, pode ser aprendido e fortalecido. Ame o que faz e isso também reforçará o modelo que você é para toda a equipe.

Pessoas bem-sucedidas, dentro e fora da atuação religiosa, foram mapeadas e notou-se que uma das principais competências destas pessoas é a capacidade de ser grato. Gratidão por aquilo que passou, pelos aprendizados, pelas pessoas e acontecimentos vividos.

Ser grato a tudo, mesmo que algo possa ser julgado negativo, principalmente relacionamentos e pessoas. Sabemos que nem todo mundo sabe lidar com outras pessoas, muitos não sabem se comunicar, outros são pouco ecológicos, e tantas outras coisas que podem magoar uns aos outros. Nesse momento, ter a competência de ser grato auxilia e embasa uma das mais importantes neocompetências: o perdão.

Perdão não significa esquecer o que passou, mas aprender sobre as condições que levaram aos fatos, aprender com as próprias reações e emoções vividas, não guardar rancor e estar aberto ao novo. Pessoas bem-sucedidas deixam no passado as arestas, perdoam e abrem um olhar à frente. Se houvesse culpa ou mágoa, estariam presas no passado, coisa muito vivida por pessoas malsucedidas. Ter gratidão e perdoar são atitudes sensatas para aquele que quer seguir em frente, cada vez mais evoluído.

VOCÊ ESTÁ PREPARADO PARA ABRIR UM TERREIRO?

Se houve falhas, <u>assumir as suas responsabilidades</u> é uma atitude vencedora, própria dos líderes e pessoas bem-sucedidas. Talvez não seja possível acertar sempre, porém sempre pode-se aprender com o que vive. É necessário responsabilizar-se pelos processos, até por eventuais falhas, sem empurrar as culpas para os outros. Só com atitudes assim é que se pode tomar as rédeas da vida, em qualquer sistema.

E para finalizar, mas não menos importante que todas as outras, é a habilidade em respeitar as ideias. Falar de pessoas não é bom. Falar sobre fatos já é algo melhor, mas falar de ideias é realmente o lado fantástico. Pessoas de sucesso querem falar e ouvir ideias. E para falar e ouvir ideias, há a necessidade implícita do <u>respeito</u>. Todos têm a capacidade de enxergar o mundo de uma perspectiva única e propiciar ideias altamente relevante e inovadoras, independente de nível educacional, hierárquico, social ou financeiro.

Os verdadeiros líderes ouvem, valorizam e incentivam tais expressões com respeito e torcem para que tais ideias deem certo, pois pessoas de sucesso querem também o sucesso alheio, querem que todos vençam. E se o fornecimento de informações for necessário para ampliar a ideia, certamente o líder fornecerá para o sucesso de todos.

Isso mostra nossa última neocompetência, o <u>altruísmo</u>. O verdadeiro dirigente espiritual busca deixar seu ego de lado em prol da coletividade. Evidente que ele quer ser valorizado, mas para isso não há a necessidade de ser egoísta, e entende que se o grupo vencer, ele também vencerá.

Ame o próximo como a si mesmo

Essa é uma frase de profunda sabedoria, principalmente para o dirigente que quer melhorar e motivar as pessoas a seguirem um caminho.

Amar o próximo significa também dar respeito, mostrar caráter, ser humilde frente aos outros, dar bondade e perdoar. Agora, pensando naquela frase inicial, você sabe se amar?

Reflita bem, você tem respeito por você? Comece refletindo sobre seu próprio corpo: você se alimenta bem, você dorme satisfatoriamente, respeita os limites do seu corpo e está sendo bondoso para com ele?

E emocionalmente, como você trata as eventuais falhas no seu passado? Há auto perdão verdadeiro, transformando estas falhas em aprendizados para melhorar daqui para frente?

Como ser líder, admirado, uma pessoa que influencia e motiva seus liderados, se você nem se ama e nem se admira?

Como um liderado, você admiraria o líder que você é? Colocando-se na posição de filho, você admiraria o Dirigente Espiritual? Enxerga em você os valores que um líder deve ter? Humildade?

Você pode ser um Dirigente Espiritual, um líder, começando por amar você primeiro e depois amando os outros. E lembre-se: o exemplo ensina. Verá que todos aqueles que te acompanham irão admirá-lo e passarão a se amar também, num ciclo virtuoso de amor.

O que um Médium deve saber

A primeira coisa que um médium de atendimento deve fazer é deixar o julgamento de lado. Um pressuposto da PNL diz que "O Mapa não é território", ideia do polonês Alfred Korzybski, filósofo que desenvolveu a teoria da semântica geral, que apresenta que toda realidade pode ser relativizada.

Em seu conceito, que influenciou decisivamente os criadores da PNL, John Grinder e Richard Bandler, é que nenhuma verdade é absoluta e ninguém detém toda a verdade, e por isso, ninguém pode rejeitar o pensamento de outra pessoa sem uma análise profunda. Ninguém tem as mesmas experiências que ninguém, e mesmo que fosse possível submeter duas pessoas às mesmas experiências, a compreensão e o entendimento poderiam ser divergentes.

Korzybski, traz em seu conceito, que o que vemos não é a realidade, assim como o mapa não é o território, uma fotografia não é o indivíduo, nem

UMBANDA E A NEUROLINGUÍSTICA

o cardápio de um restaurante é a refeição. O entendimento de um acontecimento não é o acontecimento em si.

Isso por si só já põe por terra todas as tentativas de julgar o que os outros entendem por realidade, e mais profundo que isso, afasta a ideia de que existem certos e errados, bem e mal, negativo e positivo, nos impelindo a ter entendimentos mais flexíveis e menos julgadores.

O conceito de "certo" não é universal e não se aplica a todas as pessoas.

Sabemos que os Guias já aplicam esse conceito, relativizando tudo e não emitindo julgamentos, porém o médium pode, apesar de que não deveria, interferir na comunicação com seus preconceitos, julgamentos e filtros, chegando ao ponto de alterar o rumo da conversa com um consulente e trazendo conteúdo sem relevância para a questão.

Em geral, quando isso acontece, seja por despreparo ou momento pontual vivido pelo médium, são questões que envolvem o emocional, disparando na Mente Inconsciente do médium algum conteúdo que emerge e vem à Mente Consciente, com suas experiências e conclusões, colocando no meio da consulta fragmentos da Realidade Subjetiva do médium, apoiados no contexto emocional trazido para aquele momento de encontro entre o consulente e o Guia.

Por ser de grande recorrência, é necessário que o médium conheça, mesmo que de forma superficial, como as emoções humanas funcionam, quais seus disparos e implicações para que ele mesmo entenda o que ocorre em seu interior quando perceber-se imerso nessas emoções.

Emoções

Emoções são reações biopsicológicas de um indivíduo em um importante evento de sua vida, originando um estado complexo, combinando estados internos e comportamentos externos.

As emoções têm um tratamento privilegiado no nosso sistema de memória cerebral. Pesquisas demonstram um aumento da memória para os acontecimentos associados com grandes emoções. Todas as experiências carregadas emocionalmente, positiva ou negativamente, são mais facilmente lembradas que as neutras. Daí a facilidade de instalação de âncoras nestes momentos de grande emoção.

E por essa facilidade de instalação, é importante estar calibrado, consciente do estado presente, e separar os estados internos dos comportamentos externos. Os aspectos subjetivos das emoções são descritos em termos de "feliz", "triste", "bravo", "entediado", etc. Já as manifestações externas da emoção são comportamentos como "sorrir", "chorar", "fugir", "bater", etc.

Como todo comportamento tem uma intenção positiva, a emoção pode ser compreendida a partir dos efeitos do comportamento emocional, que pode mudar de acordo com o Mapa de cada indivíduo. Imagine, por exemplo, um sujeito diante de um perigo iminente. Algumas reações que poderiam acontecer: "Fugir" teria o efeito de proteger o sujeito de um dano; "Atacar" para neutralizar o perigo; "Chorar" para conseguir ajuda.

Normalmente, as emoções não são problemas. São os comportamentos produzidos por essas emoções e seus efeitos que determinam se uma emoção em particular torna-se um problema ou um recurso. Esta é uma das tarefas de um facilitador em PNL.

Segundo a PNL, as emoções primárias do Ser Humano, são "medo", "tristeza", "raiva" e "alegria". As demais são derivações, sensações, meta-sensações ou sentimentos, que tiveram raiz, de uma forma ou de outra, nestas emoções primárias. Tais emoções estão frequentemente associadas com respostas viscerais, ou seja, ligadas a órgãos internos como coração (eventual efeito: taquicardia), estômago (eventual efeito: cólica), intestino (eventual efeito: diarreia), e outros. É comprovada cientificamente a influência da emoção no corpo físico, independente da amplitude e profundidade que ela toma. Muito material existe sobre a somatização dos efeitos das emoções em nosso corpo físico, tendo alguns autores que chegam a dizer que todos os males físicos são originados em nossa mente. Claro que cabe aquela pergunta de meta-modelo de linguagem: "Todos os males?".

Emoção, Sentimento e Ressentimento

Emoção se sente na hora do acontecimento, de forma intensa, numa reação física e psíquica. As emoções estão localizadas no sistema límbico do cérebro, disparadas, muitas vezes, por nossas defesas localizadas no cérebro reptiliano, a parte mais interna e instintiva do cérebro. A carga emocional liberada no momento de forte emoção pode nos levar a ações que, em certos casos, não temos o todo o controle.

O QUE UM MÉDIUM DEVE SABER

Segundo a Programação Neurolinguística, existem apenas quatro emoções básicas: raiva, tristeza, medo e alegria. Em algumas literaturas aparecem seis emoções, chamadas *Big Six*, porém as reações biológicas do "nojo" são as mesmas da raiva, assim como são parecidas o medo e a surpresa. Segundo o Instituto de Neurociência de Glasgow na Escócia, o que pode separar nojo da raiva e o medo da surpresa não são as reações neurofisiológicas, mas apenas as razões sociais. Portanto, consideramos como sendo apenas quatro as emoções básicas.

O sentimento, de forma resumida, é pegar uma emoção já vivenciada, portanto do passado, e trazer ao presente, sentindo novamente as sensações fisiológicas do que aconteceu. Por exemplo, quando se sente raiva, depois de algum tempo, se essa raiva for nutrida, trazida de novo para a consciência, após vivê-la algumas vezes com certa intensidade, pode se transformar em ódio, rancor ou outro sentimento. Assim como a raiva pode se transformar num sentimento de ódio, a tristeza como emoção pode se transformar num sentimento de mágoa e assim por diante.

Quando falamos em ressentimento, estamos sentindo novamente o impacto das emoções, e já transformados em sentimentos, na nossa vida. Imagine o exemplo em que uma pessoa teve uma tristeza muito grande. Era momento presente e a emoção foi vivenciada em sua totalidade. Ao trazer isso como sentimento, transformando em mágoa, está revivendo aquela emoção que talvez não tenha sido aprendida. Fica preso no passado trazendo ressentimento, ou seja, vivenciando novamente e tristeza e mágoa, como quem volta ao passado para autoflagelar-se. Em geral denota uma falta de aprendizado com a situação e a ausência de recursos para lidar com o acontecimento e a emoção básica disparada naquele instante.

Todo ressentimento é uma volta ao passado e uma fixação naquele momento.

Viver no passado não parece ser a coisa mais indicada a se fazer. Mesmo a alegria, uma emoção fantástica e prazerosa, pode ser limitante se estiver ligada ao passado. Imagine vivendo uma alegria que aconteceu há 30 anos. Boas lembranças, mas o prazer e a satisfação aconteceram no passado. Fixar-se na alegria do passado pode impedir a pessoa de viver novas alegria, agora.

Controlar ou Dominar

Muito se diz em ter "autocontrole", principalmente quando o assunto é emoção. Entretanto, tentar estar no controle pode ser uma tarefa extremamente exaustiva, penosa e talvez até impossível.

Estar no controle pressupõe conhecer todas as regras, todas as formas, todas as execuções e estratégias, verificando e administrando, passo-a-passo, todos os acontecimentos. Em se tratando de emoções, a cada momento de raiva, frustração ou qualquer outra explosão emocional, corresponde a evitar, banir, retirar do comportamento qualquer traço emocional para manter a serenidade a qualquer custo.

Isto certamente represará uma enorme quantidade de energia que, ao longo do tempo, será de difícil contenção. E quando este dique de energia acumulada romper, além da explosão inevitável, seguirá um momento de novos escapes emocionais, que pode ser culpa por não ter atendido à exigência de controlar as emoções, depressão pela inabilidade em lidar com a situação ou perda do amor próprio.

Estar no domínio da situação talvez seja uma atitude mais ecológica, onde o foco é o resultado, permitindo-se desvios emocionais, mas com flexibilidade sabendo vivenciar o momento da explosão emocional e, demonstrando sabedoria, tratando de retornar ao eixo, sem a estrita obrigação de nunca ter abandonado o estado sereno. Sem culpa.

Para exemplificar, imagine-se cavalgando um cavalo adulto, sadio e bonito. Ao se deparar com um barranco, o cavalo ameaça subi-lo e você tem duas opções: controlá-lo ou dominá-lo.

Se tentar controlá-lo, apertará as rédeas do cavalo e tentará indicar o melhor caminho a ele. A questão é que as pernas são dele, o desafio físico é dele, a leitura do terreno e a experiência em subir barrancos é dele. Existe uma chance enorme de você atrapalhá-lo na subida e ter como resultado uma dolorosa queda. Ao contrário, se estiver no domínio, deixando o cavalo tomar as decisões de "como" subir, afrouxando as rédeas e permitindo que o trabalho seja realizado, certamente o cavalo subirá melhor.

Medo

O medo é uma emoção extremamente natural e deve ser vivida, pois também nos permite novos aprendizados. Porém, podemos considerar como limitante no instante em que, por

UMBANDA E A NEUROLINGUÍSTICA

falta de recursos, nos causa uma paralisia, impedindo de perceber o presente, analisar o passado ou de objetivar o futuro. Esse medo do futuro, comumente chamado de ansiedade que nos paralisa, traz uma angústia na Realidade Subjetiva sobre aquilo que vai acontecer, mesmo que talvez nem venha a acontecer.

O medo faz aprendermos e planejarmos nosso futuro. Uma vez vivido e verdadeiramente percebido, o medo pode tornar-se possibilitador para as novas experiências, ou segundo nossa escolha, pode ser limitante e nos impedir futuras conquistas. Imagine o medo de trocar de emprego, encerrar um relacionamento ou mudar de residência.

O medo, como as outras emoções, é vivido no presente e é aí que estão seus aprendizados. Viver o medo do futuro, do desconhecido, do que não se tem todo o controle pode ser muito limitante. Você já pensou no por que as pessoas têm medo de entrar num quarto escuro? Simples, se o quarto está escuro, naturalmente não se sabe o que está lá dentro e sofre antecipadamente por falta desse controle. Assim é o mesmo medo do futuro, quando não se sabe o que virá e não se tem todo o controle sobre isso. Você mesmo se impede de entrar no quarto e, por analogia, no futuro.

Existem aqueles também que tem medo de dar certo. Pessoas que criam objetivos e param quando pensam "e se isso realmente der certo na minha vida?", e por vezes se auto sabotam pela possibilidade de sucesso. Mesmo que o objetivo fosse algo extremamente positivo, ele, quando alcançado, tiraria o indivíduo da zona de conforto, novamente gerando a ansiedade sobre o que não é conhecido, sobre o futuro.

O QUE UM MÉDIUM DEVE SABER

Claro que tudo o que é novo pode causar medo, insegurança e angústia. Mas o novo é necessário, e talvez inevitável em nossa vida.

Ao criar e estabelecer um objetivo, deixando claro na Mente quais os benefícios em alcançar tal objetivo, naturalmente a Mente Inconsciente trará todos os recursos para cumprir as etapas a atingir esse objetivo. Ao saber onde se quer chegar, parte do medo é minimizado, e às vezes eliminado, abrindo caminho direto para a conclusão.

Mesmo assim, o desenvolvimento de algumas habilidades pode contribuir para neutralizar os medos paralisantes, os medos que nos colocam em estado limitante. Separei três que julgo fundamentais:

1º) Flexibilidade. Por exemplo: se tenho medo de atravessar a rua por aqui porque não consigo ver todos os carros, posso ir até a faixa de segurança atravessar, ou fazer outro caminho e não ter que atravessar aqui. Ser flexível dá mais opções para vencer o medo.

2º) Equilíbrio. Como todos os comportamentos exercidos com frequência se tornam simples e naturais, buscar equilíbrio nas ações, nos pensamentos e palavras vai nos tornar equilibrados frente aos medos. Medo e coragem, apesar de não serem antagônicas, ao serem equilibradas nos possibilitam perceber e atingir melhor os objetivos.

3º) Simplicidade. Coisas mais simples tendem a ser mais compreensíveis e, com uma visão maior sobre os acontecimentos, diminui o medo. Lembra do quarto escuro?

UMBANDA E A NEUROLINGUÍSTICA

Medo por não saber o que há lá dentro, mas se disserem que o quarto está completamente vazio (simples), o medo fica menor, e talvez até desapareça frente à simplicidade.

Simples, equilibrado e flexível.

Vários tipos de medo ficam escondidos na Mente Inconsciente, percebidos através da Linguagem Verbal e Não Verbal e dos demais comportamentos. Porém, escondidos como estão, fazem com que sua detecção e possível mudança sejam bem desafiantes.

Esses medos têm uma importância especial para nossa análise porque mostram claramente uma estrutura profunda associada a eles. Estes medos são: o medo de se relacionar, o medo de falar não e o medo de errar.

Quanto ao medo de se relacionar, existem pessoas que têm medo de trabalhar em grupo e quando são colocadas frente a um desafio de colaborar ou mesmo liderar uma equipe, sentem um peso enorme. E por que sentem isso? Ao trabalhar com ela, a equipe irá conhecê-la, conhecerá as suas ideias, opiniões, posicionamentos e seu jeito de agir.

Quando se fica muito perto de alguém, é natural que estes passem a se conhecer melhor. Isso acontece no trabalho, na família e mesmo num relacionamento amoroso. À medida em que vai convivendo com a pessoa, vai se mostrando e também vendo como o outro é.

Talvez esse seja um dos medos mais limitantes, pois estamos sempre a nos relacionar e a conviver em sistemas. Se há medos de lhe verem como quem realmente é, não seria melhor

O QUE UM MÉDIUM DEVE SABER

mapear essas características e transformá-las? Se ser como é não é suficiente para que seu ego fique confortável junto a outras pessoas que descobrirão mais sobre você, não seria melhor evoluir do que fugir do sistema?

Seja como for, muitas pessoas preferem deixar de frequentar um grupo, um convívio ou um relacionamento do que buscar ser melhores. E aqui cabe um ponto importante: será que essa pessoa é mesmo insuficiente ou é apenas como ela se vê, dentro dessa baixa autoestima?

Outro medo é o medo de falar "não", que pode ter várias razões ligadas. Saber falar "não" talvez seja um grande desafio.

Uma das razões é o medo de magoar as pessoas, mesmo que esse ato seja contra sua vontade. Claro que existem "agendas ocultas" onde evitar falar "não" atende algum objetivo, como não magoar para não sentir culpa. Entretanto, algumas coisas podem ser refletidas nesse momento: o "não" irá realmente magoar o outro? O outro é tão fraco emocionalmente que não sobreviveria ao "não"? O que é mais importante entre sua própria vontade e a vontade do outro?

Por exemplo: imagine que num feriado você quer ir à praia, mas o cônjuge prefere ir para o campo. O que você faz? Deixa sua vontade de lado e faz a vontade do outro? Ao evitar o "não" para não magoá-lo, você está deixando a quem magoado? Evidentemente, reagir de forma autoritária indo à praia talvez não seja o melhor para o sistema. Para isso, flexibilidade, mas com equilíbrio. Negociar uma possível solução, como uma vez praia outra vez campo, de forma equilibrada pode ser muito possibilitador.

103

UMBANDA E A NEUROLINGUÍSTICA

Existem pessoas extremamente passionais, que acabam atendendo o outro por culpa, por medo de perder o relacionamento ou outra "agenda oculta". Preferem atender aos outros do que atender a si mesmos e vivem, não só com o medo da perda, mas também com a tristeza por nunca fazerem por si mesmos. São pessoas que dizem querer ser felizes, mas entregam sua Felicidade para os outros, numa pseudofelicidade e deixando de viver felizes.

Já o medo de errar vem mascarado pelas pseudovirtudes de perfeccionismo, mania de organização e outras manifestações de comportamento.

O Ser Humano tem como meta acertar, atingir seus objetivos, fazer as coisas com excelência da melhor forma possível. Ninguém acorda, levanta, sai de casa dizendo que hoje vai errar. Errar acontece, mas não como objetivo, a não ser que o objetivo da Mente Inconsciente seja auto sabotagem, mas isso seria inconsciente. Portanto o medo de errar não é conscientemente natural.

O medo de errar pode estar baseado na falta de preparo para uma atividade, seja por pressão alheia ou auto pressão, pressa, instabilidade física ou emocional entre outros fatores, mas fica a pergunta: se o foco está em acertar, porque ocorre o medo de errar?

EGO!

Para que outros não percebam minha fragilidade, falta de conhecimento ou habilidade, prefiro não fazer, não falar ou não executar. Esta estrutura de pensamento onde tem sua raiz no erro que atinge a imagem, estreitamente ligado ao ego e arrogância,

O QUE UM MÉDIUM DEVE SABER

faz com que aconteça a escolha de "não-fazer-nem-tentar" para não passar vergonha, no lugar de "tentar-ter-sucesso".

E indo para um segundo momento, esse medo de errar leva à tentativa de afastar a culpa por uma eventual falha. Mas mesmo assim, acontece pelo motivo de nem ter tentado. E quando internalizamos essa estratégia de "eu tenho medo de errar para não gerar culpa", estamos nos boicotando, um boicote às nossas habilidades, aos nossos aprendizados e, principalmente, à quem somos. Assim procedendo, a longo do tempo rebaixamos nossa autoestima, passamos a nos gostar e a nos admirar cada vez menos, impotentes de sair dessa teia: "Tenho medo de errar para não me culpar e me boicoto, gerando culpa por isso, baixando minha autoestima, tendo ainda mais medo de errar..."

Por exemplo, muitas pessoas com medo de falar em público travam quando tem um microfone na mão frente a uma plateia, pois tem medo de serem malsucedidas, querendo evitar que sua imagem seja arranhada e seu ego seja atacado. E ao perderem a oportunidade de falar, sentem-se culpadas pela perda.

Fica ainda mais grave quando alguns sistemas, como algumas religiões colocam o erro como "pecado" com severas punições como "inferno" e "perdição", o que amplia o medo de errar e consequentemente a culpa pela inação. Vejo muitos seguidores religiosos na inação, cheios de culpa e com uma aura de medo pela punição do inferno.

Outros sistemas podem ter esse mesmo efeito, como família, escolas e outros, onde as punições podem ser diferentes, mas acabam criando indivíduos medrosos, cheios de culpa e que não se movimentam em direção aos seus objetivos.

Arrogância

Arrogância é a atitude de se colocar em suposta superioridade, de forma prepotente ou de desprezo em relação aos outros. São pessoas que, em geral, acham que estão sempre certas.

A arrogância tem um efeito devastador nos relacionamentos e nos sistemas. Naturalmente o arrogante não obtém a colaboração espontânea das pessoas, que consciente ou inconscientemente, não ajudam ou mesmo boicotam seus projetos, afinal "se ele sabe tudo, que faça sozinho".

E acontece a grande questão: o arrogante deixa de aprender e assim, ter novas possibilidades e novas opções, diminuindo suas chances de boas escolhas.

Ao pensar "eu estou certo e se eu estou certo, todo estão errados", deixa-se de ver outras possíveis soluções para as questões, deixa-se de ver melhores caminhos. Não existe apenas uma forma de fazer as coisas e nem um único caminho para atingir um objetivo.

Pense em determinada cidade e pergunte-se: quantos caminhos e formas existem para chegar lá? Certamente existem vários caminhos e formas, mas o bloqueio da arrogância faz com que só se perceba aquele previamente concebido. Será que o caminho que está trilhando, que atinge o objetivo, é o caminho mais curto, mais prazeroso, mais simples? Será que é o caminho que te traz mais felicidade?

Outro efeito dos arrogantes é afastar as pessoas ganhando muita antipatia de forma gratuita. Se estiver num trabalho em equipe ou num relacionamento, seus efeitos podem ser até de

O QUE UM MÉDIUM DEVE SABER

destruir essas ligações. Gera uma vibração de desagregação e afastamento.

Essas pessoas tendem a afastar as outras, a não ter colaboração, e a equipe, se liderada por um arrogante ou integrada por um, tende a se esfacelar.

Se levarmos em consideração a Trilogia da Mente, perceberemos que os pensamentos do arrogante são expressos em suas palavras e também no próprio gestual e postura, normalmente altiva, com peito estufado, com um olhar superior e voz alta. O contrário também pode se apresentar, quando por proteção à sua arrogância, traz um jeito meigo, doce e melado, denotando uma incongruência com suas ideias e entendimentos, transparecendo falsidade. São reflexos do que se pensa.

A arrogância pode ser por suposta superioridade intelectual, moral, social ou de comportamento e dentre estas, talvez a mais nociva seja a intelectual. Achar que tem conhecimento já beira a irracionalidade, mas achar que seu conhecimento é único, é o melhor e se não for reconhecido será por insuficiência dos outros é quase uma patologia.

Em determinados momentos as pessoas são arrogantes e em outros momentos não, como se vestissem pequenas identidades dentro de determinados contextos. Num momento a pessoa se coloca como superior e, mudando o contexto, volta a não se ver como o melhor. E esse é um desafio para o autoconhecimento, pois para se perceber como arrogante, e conseguir agir sobre isso, o indivíduo deve estar atento o tempo todo.

Outro traço da arrogância é visto quando uma pessoa coloca defeito em tudo.

UMBANDA E A NEUROLINGUÍSTICA

É bem verdade que nas décadas de 1980 e 1990 existiram grandes movimentos visando qualidade industrial, preconizando que sempre existe uma maneira de fazer melhor. Surgiram grupos especializados de pessoas que ficavam imaginando melhorias contínuas em processos. Apareceram empresas especializadas em corrigir falhas e auxiliar melhorias. Departamentos em grandes empresas foram criados para isso. E essa ideia do ramo industrial influenciou as pessoas que trabalhavam nessas organizações, que, por conseguinte, influenciaram a sociedade. Era comum pessoas querendo fazer um "5S" em casa ou descobrir um jeito melhor de varrer a casa ou outro trabalho cotidiano.

Essa busca pela excelência, o investimento em ser mais assertivo e mais produtivo foi um movimento maravilhoso, ainda visto nos dias de hoje.

Entretanto, algumas pessoas deturparam essa busca pelo melhor, e permitiram-se apenas levantar problemas e julgar o que já estava sendo feito, sem nenhuma proposta de melhoria, seja por falta de habilidade em enxergar melhorias, seja por falta de criatividade, preguiça ou outra estratégia que as deixavam nesse estado limitante.

Pessoas assim levantam problemas como a dizer que sabem tudo, numa postura de arrogância e superioridade, mas não participavam de uma eventual solução. Veem o defeito, que talvez até exista, reclamam daqueles que buscam a melhoria questionando o porquê de não terem sido visto antes, vangloriam-se de terem enxergado o problema mas agem sem foco na solução.

O QUE UM MÉDIUM DEVE SABER

Essas pessoas estão vivendo do passado errado e de sua pseudossuperioridade no presente, sem objetivos para o futuro. Em geral, além de arrogantes, são amargas e pessimistas.

As pessoas que buscam a melhoria contínua, não só nos afazeres domésticos, nas empresas, mas na própria vida, nos seus pensamentos, numa vontade de aprender mais, são pessoas voltadas ao futuro, que constroem e buscam seus objetivos e são, sobretudo, otimistas. São pessoas que sabem que o melhor ainda está por vir.

E para encerrar este tema, deve ser falado do arrogante que "nunca erra", ou pelo menos não admite.

É bem claro que em algum momento o ser humano experimentará novos comportamentos, escolhas a partir de suas opções e, inevitavelmente fará escolhas não compatíveis com a conjuntura, ambiente e até com o sistema. Popularmente dizemos que ele "errou".

Como já diz o ditado, "errar é humano", mas a reflexão que se faz é porque não admitir a má escolha ou, em alguns casos, tentar até encobertar os fatos? Segundo Alexander Pope, "...um homem nunca deve sentir vergonha de admitir que errou, afinal de contas, admitir o erro equivale a dizer que hoje ele é mais inteligente que ontem".

Quando se erra sabe-se no íntimo que ele mesmo é o responsável pelo objetivo não alcançado, e isso é extremamente possibilitador, pois evidencia o aprendizado e a disposição em melhorar as escolhas e comportamentos.

Assumir o fato de não ter atingido o objetivo é o passo mais importante para refazer o caminho. É uma questão de humildade reconhecer que nem todos os recursos estavam disponíveis, porém melhores escolhas podem ser feitas.

E junto com o assumir a responsabilidade, em geral vem a solidariedade das pessoas que estão à volta, que buscarão colaborar com ideias e opções. E, pela coragem em admitir uma eventual falha, ganha-se a admiração e o respeito do grupo.

Do contrário, acobertar o acontecido é admitir internamente que não há auto responsabilidade, impedindo a própria ação sobre o fato, consciente ou inconscientemente. E muitos, nessa tentativa de acobertamento, buscam outros para assumirem a "culpa", mesmo que seja necessário mentir para os outros e para si próprio.

Aqueles que negam o erro, naturalmente estão bloqueando estratégias geradoras de aprendizados, além de negarem o compromisso com o objetivo que não foi alcançado.

Humildade! Talvez essa seja a palavra chave para muita evolução.

Tristeza

Todo mundo fica triste de vez em quando. Será? Não sei se todo mundo, mas grande parte das pessoas, em algum momento, ficam tristes.

A tristeza, assim como toda emoção é importante que seja vivida. Por exemplo, num processo de luto, quando perdemos uma pessoa ou ente querido ou perdemos algo que valorizamos muito materialmente, é importante que entendamos a mudança, do momento em que tínhamos, para o momento em que já não temos mais. Sentir-se triste, enlutado pela perda é importante para o aprendizado.

Apesar da tristeza como emoção ser importante e dever ser vivida, chega uma hora em que devemos transformar essa tristeza, afinal esse luto não pode ser eterno. A tristeza vivida continuamente sem aprendizado ou término pode levar à mágoa e outras tantas coisas como a depressão.

Natural sentir tristeza na perda, mas deve haver estratégias de transformação dessa tristeza. Uma das estratégias mentais para substitui a tristeza é sentir saudade, possibilitadora desde que não esteja carregada também de tristeza. Ao invés de sentir tristeza, pode-se sentir apenas saudade, lembrando de momentos agradáveis e alegres com uma pessoa que partiu.

Perceber os momentos alegres com pessoas que partiram, e cuja partida foi triste, é uma forma de ressignificar. Pode-se ter saudade e sentir alegria por ter participado da vida de alguém, sem nenhuma tristeza. Essa transformação é uma opção, uma escolha.

Luto e Perda

Na vida estamos sempre lidando com perdas. Algumas são naturais e orgânicas, enquanto outras são extremamente significativas e dolorosas, pois representam uma grande ausência.

A forma como lidamos com a perda é basicamente a mesma, seja para a perda de um carro, emprego, relacionamento ou morte. A estratégia de elaboração da perda é a mesma e todos geram, em intensidades diferentes, o que chamamos de "luto".

O processo de "luto" é também um aprendizado, compreendido como o desenvolvimento de novos comportamentos, habilidades, crenças e, em questões mais profundas, alterações na identidade e no nível sistêmico. E durante este processo, lidamos com emoções, em geral a "tristeza", podendo haver momentos de raiva e também de medo.

Se ecologicamente conduzido, o processo de luto finalizará naturalmente com o ajuste sistêmico (ajuste dos níveis neurológicos), e assim, deixando a pessoa capaz de acessar as lembranças relacionadas à pessoa que está ausente ou evento passado, lembrando-se dos aprendizados e recursos. A partir desse momento o sujeito pode vivenciar a presença de uma pessoa ausente como uma parte interna, sentindo-a próxima a si.

Em situações que esse processo não ocorre ecologicamente, interrompido por aprendizados limitantes relacionados ao padrão da perda ou por crenças que dão ao sofrimento da perda o significado de amor, o sujeito pode ficar impedido de se libertar do sofrimento, vivendo um luto mais demorado que o necessário, e em alguns casos, nem sequer finalizá-lo de forma adequada.

Em caso de morte por acidente ou por doenças degenerativas, aqueles que acompanharam a pessoa até o final podem guardar imagens deste estágio final, com submodalidades muito intensas. Essas imagens negativas finais podem ser tão intensas que impedem o acesso a imagens de momentos bons que vivenciou com aquela pessoa que se foi. Semelhante

O QUE UM MÉDIUM DEVE SABER

situação pode ocorrer quando o último contato do sujeito com uma pessoa falecida foi um desentendimento ou discussão em que sentimentos negativos ficaram pendentes.

Em nossa realidade, dentro de nós, ainda convivemos, e sempre vamos conviver com aqueles que já se foram. Importante é perceber como é este convívio e quais emoções, sentimentos, sensações e pensamentos estão envolvidos nesta relação: tristeza, culpa, gratidão, alegria, etc.

Por isso é tão importante entender os processos de aprendizado e o funcionamento de nossas estratégias e crenças.

Aprender com as experiências é fundamental, mas ficar focado no passado, remoendo as lembranças, ressentindo as emoções transformadas em sentimentos é causar um verdadeiro autoflagelo. Tais sentimentos que ficam sendo revividos, que tiveram origem num passado, por vezes tão distante, que nem sequer se sabe mais qual a sua verdadeira origem. Alguns deles são mágoa, remorso, culpa, sentimentos que devem servir de aprendizado e deixados para trás. Passado é passado, e é lá que deve ficar: no passado.

Em grande parte dos casos, a origem destes sentimentos está no apego. Por mais inusitado que possa parecer, existem pessoas que se mantém apegadas às coisas que nem se dão conta. Alguns exemplos:

Mágoas pelo que outros falam, muitas vezes são mantidas por apego ao sentimento de superioridade ou arrogância;

Culpa é o apego ao perfeccionismo ou até mesmo pela descoberta (ou a revelação) de que não se é perfeito, tendo na origem desta questão a própria vaidade;

113

UMBANDA E A NEUROLINGUÍSTICA

Animosidades não resolvidas, por comportamentos acontecidos, nada mais são que apegos ao julgamento de estar certo, e às vezes, sempre certo.

Se bem se percebeu, na grande maioria dos casos, está envolvida a vaidade. Como diz o filme "The Devil's Advocate" – EUA-1997, (no Brasil, "Advogado do Diabo"), o Demônio, personagem interpretado por Al Pacino, diz: "...a vaidade, definitivamente, é o meu pecado predileto...". A vaidade e todas as suas variações, como soberba, orgulho, arrogância, tem o seu antídoto.

Mas como para qualquer enfermidade, antes de se aplicar o remédio, deve-se ter um diagnóstico claro, é necessário perceber estes sentimentos, estes apegos ao passado para, então, administrarmos o tal elixir que nos fará voltar à frente, ao nosso futuro, deixando o passado no passado.

Culpa

Culpa não serve para nada.

Existe na nossa sociedade uma crença extremamente valorizada, de que, quando as coisas não saem bem, alguém foi o culpado por aquilo.

Culpa é uma estrutura inserida tão profundamente em nossa sociedade, tão arraigada nos sistemas, que é visível na educação de crianças que são obrigadas a "pedir desculpas" por algo que fizeram. Desculpar-se significa tirar a culpa, como se tudo aquilo que não se faça bem gerasse uma culpa, e consequentemente fosse necessário tirar tal culpa.

114

O QUE UM MÉDIUM DEVE SABER

Claro que se o indivíduo magoou ou prejudicou alguém, isso deve ser reparado. Assumir responsabilidades é importantíssimo. A ação gera uma reação. Se algo não foi bem feito, que seja reparado, que seja assumida a responsabilidade e que, daqui para frente, se faça de uma forma diferente, de uma forma melhor.

Mas sentir-se culpado por algo que foi feito, mantendo a culpa, não serve para nada.

Aliás, serve sim! Serve para que, apesar do ato ter acontecido e agora já ter a ideia de que não foi bem feito e precisar melhorar, fique focado no passado, olhando para trás, sem refletir nos próximos passos.

A culpa está no passado e não há como mudar o passado. Quando se assume a responsabilidade, compromete-se pessoalmente a fazer algo melhor no seu futuro, com atitudes e comportamentos melhores. Só assim haverá a chance de aprendizado.

Em diversos sistemas, as pessoas buscam culpar umas às outras, pouco se importando com responsabilidades, mas com culpa. No meio corporativo, chefes buscam culpados por maus resultados, pais mostram a culpa dos filhos nos maus desempenhos escolares, casais buscam o culpado por uma relação deteriorada.

Raiva

Sentir raiva é natural, é uma emoção e deve ser vivida. É claro que a raiva não deve ser transformada em atos violentos, nem tampouco em sentimentos e ressentimentos gerando ódio.

Tecnicamente, a raiva é quando seu território é perdido. Por exemplo, você está numa determinada fila e alguém passa à sua frente, você percebe que perdeu um certo tempo e sente raiva por essa perda.

Parte do autoconhecimento não é evitar sentir raiva, mas saber quanto tempo isso fica com você e perceber a mudança ao contrário, quando deixa de estar com raiva. Você percebe quando está com raiva? Percebe quando já não sente mais raiva, eliminando totalmente a emoção?

Perceber o momento da chegada da raiva e o momento de sua partida é tão importante quanto refletir sobre "o que" disparou aquele estado. Permitir que a emoção se vá é salutar no sentido de não permitir transformá-la em sentimento.

Quando se diz a uma outra pessoa "eu odeio você", seu cérebro que não conhece nada físico além de seu próprio corpo e ao receber um comando desse tentará eliminar a pessoa, descarregando bioquimicamente substâncias no corpo no intuito de eliminar essa pessoa. Acontece que o único corpo em que cairão tais substâncias é seu próprio corpo. É como tomar um copo de veneno e esperar que o outro morra. Esse é o processo de somatização. Quantas doenças podem surgir dessa forma?

A boa notícia é que se funciona com a raiva, transformada em ódio, trazendo coisas ruins para o corpo, também funciona com o amor e com alegria, quando o corpo despejará substâncias salutares no organismo, aumentando a autoestima, trazendo a cura. Alegria e amor curam.

Vingança

Uma das virtudes que a maioria das pessoas buscam é ser justo. A ideia de justiça está subordinada às leis sistêmicas e sociais e também às crenças de cada indivíduo, que levam em consideração os ambientes e experiências pelas quais passou, seus aprendizados, habilidades adquiridas e sua cultura. Isso para dizer que o senso de justiça pode variar, e de fato varia, para cada indivíduo.

Varia também internamente em cada indivíduo, dependendo do grau de envolvimento com situações ou pessoas envolvidas, dependendo do estado emocional e recursos internos disponíveis no momento do julgamento.

E a pergunta que deve ser feita, quem irá julgar o que aconteceu? Quando uma pessoa clama por justiça, ela realmente está com a mente livre de paixões? Será que nesse momento está-se querendo justiça ou querendo vingança?

A justiça envolta em emoção pode ficar distorcida. Corremos o risco de sermos tiranos se estivermos em estados limitantes e nos utilizarmos da vingança como tentativa de reparação de uma situação.

Talvez o melhor seja o não julgamento, visto que muitos de nós não têm total domínio sobre as emoções, mesmo que esses julgamentos estejam apenas em nossas mentes.

O ideal, caso precisemos julgar, é estar em estado possibilitador, cheio de recursos disponíveis, sem envolvimento emocional e buscar o equilíbrio entre justiça, cujo rigor sozinho pode ser muito duro, e a bondade. Ser justo e, dentro desse julgamento, ser bondoso.

UMBANDA E A NEUROLINGUÍSTICA

Conta a lenda que um juiz era conhecido como o homem mais sábio de todo o território e que seus julgamentos sempre eram corretos e perfeitos, nunca ter tido um caso sequer de excesso ou de qualquer nível de impunidade. Um jovem advogado certa vez o interpelou sobre como o juiz conseguia proferir julgamentos com tanta sabedoria e o velho sábio explicou:

– Meu jovem, é fácil. Tenho um papagaio em casa e toda manhã converso com ele. E sempre me aconselha como devo agir naquele dia inteiro.

O advogado ficou intrigado, pois como poderia um papagaio dar conselhos à um juiz, ainda mais antevendo todo um dia de trabalho e julgamentos? O jovem perguntou o que o papagaio dizia. O juiz respondeu:

– Meu papagaio só conhece duas palavras: justiça e bondade. Ele as repete para mim todos os dias e sigo seu conselho à risca.

Justiça e bondade caminham lado a lado numa vida equilibrada.

Perdão

Perdoar é um ato de extrema inteligência. Perdoar corresponde a deixar o que aconteceu no passado, trazendo consigo o aprendizado e voltando-se para frente, ao futuro.

Ao perdoar metaforicamente vira-se para o futuro, permitindo liberar nosso caminho para atingir todos nossos objetivos, carregando o mínimo de peso possível. E isso é

O QUE UM MÉDIUM DEVE SABER

uma atitude lógica: imagine carregar uma mágoa, ódio ou ira daquilo que já passou, atrasando seu caminhar por um longo período da vida. Perdoar é largar isso, deixar para trás.

Contudo, algumas pessoas têm dificuldade em perdoar, mesmo sendo pessoas inteligentes e com objetivos. Então, segue uma estratégia pessoal para perdoar:

Para que se possa perdoar algo é necessário perceber o que está te magoando, ou seja o que você está carregando. O ponto crucial, é estar calibrado com aquilo que realmente está acontecendo. Reflita e responda:

O que que causou isso? Qual foi o exato momento que isso apareceu?

Onde eu sinto que carrego isso? Identifique o local onde cinestesicamente ocorre a sensação (cabeça, ombros, peito, coração, etc.)

Ao sentir, apenas observar a mágoa.

Próximo passo é aceitar. Momento desafiante onde deve-se entender que, apesar de ter sentido essa mágoa, você sente e não nega o que sente, sem qualquer julgamento. Muitas pessoas tendem a negar que odeiam algo ou alguém. Ao negar passa-se a não mais observar, afastando-se e não resolvendo a questão.

Uma vez observada e aceita, deve-se levantar quais aprendizados foram obtidos com tudo o que aconteceu. Aprender com o que aconteceu, aprender com as pessoas envolvidas, com os resultados obtidos com aquelas interações, qual a vantagem de sentir aquela mágoa. Liste os aprendizados.

Perdoar não é esquecer. Esquecer é amnésia. Perdoar é deixar onde está e cessar o ressentimento tóxico. Libertar a si próprio de algo que não se quer mais.

Perdoar é uma habilidade que pode ser desenvolvida, com treino e determinação. Decidir entre carregar ainda mais as mágoas ou deixar para trás.

Ao perdoar, surge uma sensação de gratidão a tudo o que ocorreu, pois se houve aprendizado, foi algo bom, por mais desafiante que tenham sido aqueles momentos no passado.

Perceba que todo o processo de perdão ocorre internamente na Realidade Subjetiva. Portanto, perdoar alguém não depende dessa pessoa a ser perdoada, mas única e exclusivamente da pessoa que perdoa.

Em relacionamentos, quando o amor não flui adequadamente, grandes desequilíbrios podem ocorrer, criando o que chamamos de sistemas disfuncionais, em geral, causando dependência interpessoal e desequilíbrios nas relações. Então, é comum que não ofereçam bons resultados ou que fiquem desgastados ao longo do tempo, quando vemos os envolvidos se agredirem, gerando muita mágoa. Estes desequilíbrios podem perdurar por muito tempo, até depois de romperem o relacionamento ou até mesmo quando uma das pessoas nem está mais neste plano.

Porém, é possível ocorrer o perdão, mesmo sem o contato pessoal e de forma atemporal, dando a oportunidade de perdoar e de ser perdoado, deixando no passado o que é passado, voltando-se ao futuro e à evolução, num ato de inteligência e amor a si próprio.

Calma

Em todos os momentos de negociação, discussão e relacionamentos, onde devemos ouvir o outro e argumentar, há a necessidade de estar aberto às informações que chegam, disposto a dar ao outro opções para resolvermos nossas questões, de forma clara e objetiva. E o estado mais propício para isso é estar calmo.

Ser calmo, não é um comportamento. É um estado interno, um estado de humor. Por isso, não faz sentido tentar desenvolver a calma, mas sim acessar a calma que existe em nosso interior. Então, acessar esse estado interno de calma e tranquilidade é um comportamento, que pode ser aprendido e aprimorado.

Existem várias técnicas para acessar essa calma interior, essa paz que nos possibilita tantos recursos para poder viver no mundo.

Antes de começar uma negociação, em qualquer área, podemos acessar o estado de calma e nos prepararmos para o momento. Alguns gostam de usar técnicas de respiração, numa variedade enorme disponíveis às pessoas, que permitem rápido acesso ao estado de calma. Existem meditações dirigidas que fazem nossos pensamentos acessarem um estado de paz e tranquilidade muito intensos. Nesse sentido indico os trabalhos de Luzia Contim, www.luziacontim.com.br, cujos exercícios coordenam nossos passos para atingir estados internos extremamente possibilitadores. Existem outras técnicas como mudanças de estado físico, o yoga, a Visualização Criativa, entre muitas outras.

UMBANDA E A NEUROLINGUÍSTICA

E entre tantas técnicas existentes disponíveis a questão é saber qual você utiliza, qual você se adapta melhor para acessar seu estado de calma. A melhor técnica é aquela que você usa.

Fato é que esse estado interior de calma pode fazer com que se aprenda mais rápido e passe informações de forma mais clara, gerando melhores relacionamentos.

Entretanto, na sociedade em que vivemos tudo parece ser urgente, como se todos necessitassem de resposta imediata, ao celular ou pelo e-mail, todos exigindo velocidade nas decisões. Os estados possibilitadores são necessários para essa demanda e nem sempre estamos com esses recursos disponíveis. E, frente a isso, precisamos acessar imediatamente esse estado de calma para dar a tal resposta imediata quando não temos o tempo para sentar e meditar. Como fazer?

Existe a possibilidade de instalar âncoras para disparar estes estados. Porém, nossos ancestrais já falavam numa técnica muito antiga: antes de responder, conte até dez.

Ter um tempinho para pensar e refletir, antes de uma resposta reativa. Seja o tempo que puder, como contar até dez, tomar um copo de água, respirar profundamente. Esperar alguns instantes antes de uma resposta é uma boa estratégia para conseguir ter um diálogo interno tranquilo.

Quando envolto na emoção do momento, a resposta abrupta pode não ser a melhor.

Manter a tranquilidade diante das tensões é uma das condições de sucesso, e em certo sentido, até indispensável à sobrevivência. Em situações turbulentas, em que problemas e oportunidades se misturam, intensifica-se a necessidade de

O QUE UM MÉDIUM DEVE SABER

calma e de entrar em contato com o silêncio, mesmo que por um breve instante, consultar a sua essência e permitir que a Mente Inconsciente traga os recursos de flexibilidade e criatividade para uma resposta adequada.

Se estiver ao telefone, peça uma licença e coloque no "mudo" por alguns instantes. Se for pessoalmente, peça uma licença e saia um pouco para ir ao banheiro ou tomar água. Metaforicamente, retire-se da questão por um breve momento. Isso talvez seja suficiente para encontrar dentro de você uma resposta muito melhor do que aquela que seria dada de forma imediata.

Quanto tempo é necessário para responder uma questão? Eu respondo: o tempo que for necessário para consultar a si mesmo e responder da melhor forma para si mesmo.

É a sua felicidade que conta. Consulte sempre a você mesmo, com calma!

Autoestima

O que você pensa sobre você?

Buscamos a felicidade, os melhores comportamentos, as melhores escolhas, mas isso nem sempre sai a contento. Natural que façamos ajustes e revisemos nossas atitudes para termos melhores resultados. Entretanto, em geral, somos extremamente exigentes conosco, com nossas ações e resultados, chegando ao ponto de sermos cruéis conosco mesmo, olhando apenas nossos defeitos e falhas, provavelmente, porque nos conhecemos melhor do que qualquer outra pessoa. E ao nos criticar

UMBANDA E A NEUROLINGUÍSTICA

severamente e não aceitar as falhas como motivos para aprendizado, há a chance de baixar nossa autoestima.

Influenciados pelo exterior, passamos a ouvir seletivamente as críticas em detrimento dos elogios, passamos a acreditar que não somente nós, mas todo o sistema tem muitas falhas e um desempenho muito menor do que o esperado, seja na família, empresa e até mesmo no país.

E quando a baixa autoestima individual de um grupo de pessoas encontra ressonância num sistema, a autoestima coletiva tende a baixar a níveis impressionantes.

Se o sistema e o indivíduo agem de forma contínua dentro dessa estrutura de baixa autoestima, podem surgir valores que validem essa condição. Já ouvimos a frase que brasileiro tem "síndrome de vira-lata", como a dizer que acreditamos que o povo brasileiro seja sem raça, sem habilidades, sem comprometimento e outros. Isso acaba se refletindo na sociedade e na cultura.

Necessário é que cada indivíduo saia dessa estrutura, elevando sua autoestima individual e, com isso, apresente ao sistema uma opção. Fará bem para o indivíduo e, com o tempo, para a sociedade.

E isso pode ser feito, afinal, você é um vencedor, até mesmo antes de nascer, pois na concepção de uma pessoa, quando os espermatozoides estão na corrida para chegar ao óvulo, cerca de 200 milhões de espermatozoides concorreram para fecundá-lo, e nessa corrida, você foi o vencedor. Somos vencedores de uma disputa tão concorrida e mesmo assim, por vezes, nos julgamos pouco, pequenos e quase sem valia.

Existe uma série de habilidades adquiridas e várias crenças extremamente possibilitadoras para movê-lo à frente, mas talvez nunca tenha pensado sobre elas, talvez estejam apenas na sua Mente Inconsciente, prontas para agir. Talvez você não se lembre, mas é um vencedor.

Alegria

De que adianta viver se não for para ser feliz?

Ser o líder tem suas responsabilidades, dentre elas aprender, ensinar, comunicar e motivar. Evidentemente que as responsabilidades podem trazer momentos de preocupação pela criação de objetivos, pela coordenação do andamento e pela busca do resultado. Isso levado a extremo pode causar um embrutecimento e até mau humor. Dentro da família vemos pais severos e quase ditadores. Em relacionamentos vemos posições imponentes e autoritárias. Em todos os lados da vida temos exemplos de que o excesso de rigidez causa estragos.

Talvez a vida precise de mais leveza para que seja mais flexível e dinâmica. Essa leveza pode ser alcançada com a alegria. Ser responsável e sério não obriga ser autoritário, bravo ou sisudo. A seriedade nada tem contra a alegria.

Segundo Espinoza (filósofo, holandês, séc. XVII), a alegria acontece quando o ser humano "ganha potência de agir". Passar da tristeza para a alegria equivaleria a "passar de um estado menos potente para um estado mais potente do próprio ser". Então concluímos que "mais potência" equivale a ter, na

UMBANDA E A NEUROLINGUÍSTICA

PNL, mais recursos, o que facilitaria qualquer resolução de problemas.

Sim! O estado de alegria facilita a resolução de questões.

É como se todo o panorama de um problema estivesse em preto-e-branco, apenas com tons de cinza, e o estado de alegria viesse colorir esse panorama. Certamente com cores vivas o cenário fica mais nítido, mais visível e muito mais agradável.

Não precisamos estar num estado de alegria o tempo todo, mas ter recursos para acessar este estado quando necessário é importantíssimo. Para isso, treinar é o melhor comportamento.

O mau humor pode ser uma doença grave, um transtorno mental chamado distimia, que se manifesta por meio de uma rabugice que parece eterna. Entende-se desde os anos 80 que a distimia é uma forma mais leve de depressão. Enquanto a pessoa com depressão grave fica paralisada, quem tem distimia está sempre reclamando.

São pessoas infelizes, muitas vezes obstinadas e trabalhadoras ao extremo, como *workaholics,* que levam o trabalho como o centro de tudo. De que adianta levar uma vida tão trabalhada, pesada, buscando dinheiro, se não houver alegria? Porém, a maioria dessas pessoas não enxergam o estado em que estão.

Perceber quando se está num estado limitante e disparar âncoras para ir à um estado possibilitador, como a alegria, necessita conhecer as próprias reações e ter exemplos desse estado de alegria na vida. Você tem se permitido momentos de folga das responsabilidades diárias? Momentos, mesmo pequenos, de alegria, sorrisos e risos durante o dia? Você tem se permitido voltar a ser criança de vez em quando?

O QUE UM MÉDIUM DEVE SABER

Agir de forma mais alegre, mais leve e natural, além de dar recursos para resolver problemas, também contagia a todos à volta, seja família, equipe ou sociedade, dando opções às pessoas ao lado de serem também mais alegres.

Além do mais, uma das formas mais diretas de conseguir rapport, empatia tão importante numa negociação ou relacionamento, é a alegria. Agradecer às pessoas e usar "obrigado" e "por favor", são coisas importantes, mas nada supera o sorriso, a alegria, transparecendo o brilho e a vontade de viver.

Já percebeu que quando estamos apaixonados, tudo parece mais colorido, alegre e a relação está bem?

A alegria é uma emoção que está relacionada ao amor.

A pessoa alegre mostra-se satisfeita com a vida, mostra o amor próprio e, como consequência daquilo que tem por si, pode também dar ao outro e ao mundo o amor, pois vive nele. Ninguém consegue dar amor ao outro se primeiramente não houver amor a si próprio. Ninguém dá aquilo que não tem.

E amor significa querer bem os outros, querer bem a si próprio, utilizar palavras carinhosas sendo franco e objetivo, pensar na pessoa com quem se está negociando, pensar no crescimento da equipe em geral. A pessoa alegre que demonstra o amor, tem aquele brilho nos olhos, contagia as pessoas, motiva por sua simples presença.

O simples fato de respirar ou tomar um copo d'água, pode trazer estados de alegria. Permitir-se sentir essa satisfação nas menores coisas, alegrar-se com o pouco, sentir prazer nas pequenas coisas, decidir colorir a vida é amar a si próprio. Fazer as coisas para você por satisfação, por prazer em viver, por prazer pela vida.

Sendo alegria um componente do amor, podemos dizer que o amor é um componente, talvez o principal, da felicidade. Ser feliz, invariavelmente, é para pessoas alegres.

Gratidão

Gratidão é uma excelente estrutura de pensamento e de instrução para nosso cérebro.

Quando se é grato, o cérebro cria a seguinte lógica: "se houve gratidão por algo, este algo merece ser compreendido". Independente do julgamento sobre o que aconteceu, se teve um resultado positivo ou não, o cérebro buscará o entendimento daquilo, para aprender.

Gratidão dispara o senso de aprendizagem por causa da recompensa emocional.

A cultura da gratidão é encontrada nos povos orientais há milênios, onde se sente gratidão por tudo o que acontece, seja bom ou mau.

Em português utilizamos a palavra "obrigado" como forma de agradecer. A questão é que "obrigado" tem sua origem na "obrigação em retribuir um favor", como se necessitássemos pagar pelo que aconteceu. Melhor é utilizar "grato" ou "gratidão", que nos remete diretamente à ideia de gratidão

De forma muito ampla, deve-se ser grato aos acontecimentos, às condições de vida, à própria vida, até à eventual topada na quina da mesa. Quando ocorre algo como uma topada na mesa, a maioria das pessoas pragueja contra o acontecido, como a ensinar para o cérebro que aquele evento deveria ser apagado, no qual não houve qualquer recompensa ou aprendizado. E o que vai acontecer? Ao não "aprender" com o ocorrido, provavelmente venha a bater de novo na quina da mesa para ter uma nova chance de aprendizado.

Ao sermos gratos por tudo, inclusive pelo doloroso incidente, ensinamos ao nosso cérebro que algo de bom aconteceu e, naturalmente, o aprendizado será absorvido: "que aprendizados posso ter com esse evento?". Apesar de julgar que a topada não é positiva, o cérebro irá entender pela gratidão que existe uma recompensa e aprendizado no que aconteceu.

Ser grato não é sobre o que aconteceu, mas sobre como se sente internamente. Todo comportamento pode ser desenvolvido e aprimorado, inclusive ter gratidão. Gratidão, gratidão por tudo que acontece na sua vida, pelas coisas que são boas e pelas coisas que você julga que não são tão boas.

De forma mais profunda, quando pensamos sobre gratidão, estamos refletindo sobre uma estrutura de pensamento e de recompensa com grandes ligações com a espiritualidade e evolução do ser.

Coragem

Existem alguns motivos para que as pessoas não mudem.

- Algumas pessoas não mudam porque não sabem aonde querem chegar;

UMBANDA E A NEUROLINGUÍSTICA

- Algumas não sabem nem onde estão, nem sabem que precisariam mudar;
- Algumas sabem onde estão e onde querem chegar, mas tem medo.

Sobre o terceiro grupo de pessoas, será que essas pessoas querem se arriscar?

Apesar de saberem que estão distantes de onde querem estar, e entenderem que a mudança é necessária, buscam manter as coisas como estão. Fazer as mesmas coisas, do mesmo jeito trará sempre o mesmo resultado.

Na vida, nada acontece se estiver parado e em total segurança. A mudança traz em si um risco. Se há a necessidade ou vontade de mudar, não há outro caminho a não ser iniciar a mudança.

Por exemplo, se há a vontade de ter uma nova profissão, há a necessidade de fazer diferente, estudar, se qualificar e buscar uma oportunidade. Antes de pedir demissão, analise primeiro se está preparado para o próximo passo. Capacite-se antes de pedir demissão. Essa capacitação já é mudança e ela irá lhe dar segurança na transição.

O planejamento antes da mudança efetiva, além de ser o primeiro passo da mudança, tira as inseguranças e aponta para quais habilidades devem ser desenvolvidas. Mas mesmo com planejamento, há riscos. Talvez nem todo o caminho possa ser previsto, mas habilidades como resiliência e flexibilidade podem ser bem úteis em momentos de percalços.

Coragem!

O QUE UM MÉDIUM DEVE SABER

Existem milhares de exemplos de pessoas que se arriscaram, fizeram diferente e deram certo. Existem muitos mais exemplos daqueles que não arriscaram e ficaram na mesma, levando uma vida segura, mas talvez sem a evolução que queriam.

A vida é contrária à certeza e à segurança total, pois a vida é uma constante mudança. A água de um rio nunca será a mesma, assim como nossas células estão a se reproduzir, a se regenerar, a se desgastar o tempo todo a provar que nunca somos os mesmos.

Estamos em total mudança o tempo todo, seguindo o fluxo da vida. A vida é uma grande incerteza e buscar segurança total é um objetivo vão. Claro que certo nível de segurança social e financeira é bem-vinda, mas buscar a segurança total ou ter a certeza de todos os passos é quase insano.

Arrisque-se mais, busque coisas novas. Talvez se for a um restaurante novo você encontrará coisas melhores ou coisas piores, mas certamente será uma experiência nova, que gerará novos aprendizados. Se mudar de relacionamento talvez não tenha um relacionamento tão bom quanto o que você tinha, mas vai ver coisas novas. Um caminho diferente vai ser diferente, talvez nem tão bom, nem tão mal, mas certamente diferente.

Arrisque-se: faça coisas diferentes, coisas novas.

E se as coisas não saírem como esperado, a armadilha emocional à qual deve-se estar atento é começar uma caça aos culpados. A tendência de culpar os outros deve ser substituída pela postura de responsabilidade pelo processo, tanto pelo sucesso quanto pelo fracasso. Só assim se pode chegar a uma evolução consistente.

A coragem em arriscar-se, junto com a responsabilidade pelas próprias mudanças, forja a pessoa de sucesso, pois sempre está aprendendo e se movimentando em direção aos seus objetivos.

Paciência

Por causa da velocidade exigida pela sociedade, pelos sistemas que cobram eficiência e produtividade e pelo *stress*, por vezes ao ver tentativas não surtindo o efeito desejado, e até distanciando o indivíduo de seus objetivos, em alguns momentos perde-se a paciência, caindo a motivação e a alegria.

As coisas talvez não aconteçam de forma mágica, e também não aconteçam sempre dentro daquilo que planejamos. Mesmo tendo a persistência e a determinação para buscar os objetivos, será necessário a utilização da paciência, pois nem tudo no mundo depende de nós e nunca conseguiremos ter todo o processo em nossas mãos, muito menos a certeza do resultado de todos os nossos atos. Se tivéssemos a certeza de tudo estaríamos sendo arrogantes.

Temos metas bem definidas, mas nem tudo depende exclusivamente dos nossos tempos, das nossas habilidades e nossas vontades.

Por exemplo, pense na meta de pintar uma casa. Começa-se a pintar a parte externa e começa uma temporada de chuva. De forma resiliente, passa-se a pintar a parte de dentro. Imagine que termina-se a parte de dentro e a temporada de chuva continua. O que você vai fazer? Vai insistir em pintar do lado de fora com chuva?

O QUE UM MÉDIUM DEVE SABER

Um pouco de paciência, ser persistente e fazer os outros detalhes e, talvez planejar melhor os próximos passos durante o processo. Talvez haja saídas para se aproveitar o processo quando não podemos concluir como queríamos. Tenha paciência, porque nenhuma chuva dura para sempre.

Tenha paciência com as pessoas que não têm a mesma velocidade que você. Tenha paciência com sua família por, talvez, não entender o processo que você está vivendo. Tenha paciência com sua equipe por não ter a velocidade ou entendimento do que precisa ser feito naquele momento.

A palavra paciência pode ser separada em "paz" e "ciência", significando ter ciência da paz interior, saber que a paz está dentro.

Ter paciência é estar bem consigo mesmo, mesmo nas adversidades. E enquanto a chuva cai, aprenda com isso, alegre-se e saiba que a chuva irá parar em algum momento. Logo se termina a pintura da casa. Fique tranquilo. Fique em paz!

Felicidade

Existem excelentes ferramentas e técnicas para criarmos objetivos na vida direcionando-nos num caminho, para retirarmos eventuais impedimentos, para conviver melhor com nossas estruturas de aprendizados e crenças, para nos integrar e nos harmonizar com os sistemas em que vivemos. Com suas aplicações, gerenciamos nossas crenças, e com isso nossos comportamentos passam a ficar melhores, escolhemos

133

UMBANDA E A NEUROLINGUÍSTICA

os ambientes que frequentamos e aprendemos mais e melhor com as oportunidades que nos são apresentadas. Em suma, podemos formar um EU melhor.

Para que desenvolver-se? Para quê ser um EU melhor? Para que que serviria isso?

Ao nos conhecermos, teremos a oportunidade de buscar a nossa real felicidade, sem julgamentos, medos ou impedimentos, pois saberemos quem somos e onde queremos chegar.

Felicidade!

Na entrada do Oráculo de Delfos, na Grécia Antiga, estava escrita a máxima: "Homem, conhece-te a ti mesmo e conhecerás o universo e os deuses", como a dizer que ao conhecer-se, terá acesso a tudo. E se em sua crença existe um Princípio Criador e se Ele quisesse alguma coisa do ser humano, acredito que Ele quereria apenas que o ser humano se conhecesse, em todo o seu potencial e que assim, fosse feliz. Se essa Força te colocou aqui com consciência e capacidade de pensar, e que agora buscando evoluir, aprender, se relacionar, crescer inclusive materialmente, o que acha que essa Força Superior iria querer de você?

Assim como um pai deseja unicamente a felicidade de seu filho, talvez o Universo queira apenas que cada um faça seu caminho, aproveite o aprendizado e seja feliz.

Ao não conhecer-se e não buscar conhecer-se, garante-se que a felicidade não será encontrada, visto que ela é interna. Ignorância e arrogância não permitem esse conhecimento. Como dizem, existem três tipos de pessoas infelizes: aquele que não sabe e não pergunta; aquele que sabe e não ensina e; aqueles que ensinam e não praticam.

O QUE UM MÉDIUM DEVE SABER

Já que o futuro é incerto, pensemos em nossas atitudes até agora: o que fizemos até agora para sermos felizes?

Quais planos e objetivos traçados conduzem à sua felicidades? Qual a determinação e empenho que você tem colocado em prática para sua felicidade? Sempre é momento para rever se estamos no caminho da nossa felicidade.

Felicidade não é uma meta, mas um estado de espírito. Objetivos e metas são bons para atingir sucesso, mas nada tem a ver com felicidade. Mas o que é, especificamente, felicidade?

O conceito de felicidade, assim como quase tudo o que vivemos está na Realidade Subjetiva, subordinada a nossas crenças e valores, a como nos interpretamos durante a vida e como julgamos nosso merecimento.

De uma forma muito simples, considere que quem é feliz não briga, quem é feliz não encrenca por qualquer coisa, quem é feliz não é chato.

Um conceito muito bacana de felicidade é o conceito dado pelo Filosofia Grega dizendo que "um momento feliz é um momento que você não quer que acabe tão cedo". Eu iria mais longe nesta linha, dizendo que "a felicidade é percebida quando você quer que aquele momento não acabe nunca". Mesmo que seja apenas um momento, apenas um instante, a energia produzida é tão intensa que marca para toda a vida e a sensação é de ter vontade de manter aquele momento ETERNO.

Assim, por analogia, a Felicidade nos aproxima do Eterno, da Eternidade, do Todo, do "Algo-Maior-Que-Nós" ou seja, da Divindade.

Outras publicações

ALQUIMIA DA TRANSMUTAÇÃO – Inteligência Emocional e Expansão da Consciência

Renata Gaia

Este livro é a materialização da ciência do divino humanizado. Em seus ensinamentos aprendemos a olhar para o outro por meio de nós mesmos, discernindo com propriedade as manifestações do ego e da consciência terrenos. A leitura, rica e cheia de conteúdo multisciplinar, nos convida a refletir sobre as relações que nutrimos, nossas escolhas, karmas e a navegar pelas emoções com o conhecimento adquirido pelas práticas constantes de autopercepção. As descobertas vão acontecendo na medida em que apuramos nossos sentidos e nos abrimos, sem julgamento ou justificativa, à nossa verdade íntegra e única.

Formato: 16 x 23 cm – 160 páginas

PENSAMENTO POSITIVO E LEI DA ATRAÇÃO – Por que não funcionam para todos?

Paulo Roberto Meller

Depois de tudo que já foi escrito sobre o tema, finalmente uma publicação com um conteúdo profundo escrito em linguagem simples, com uma forma dinâmica sobre os erros mais comuns que as pessoas cometem ao colocarem em prática o Pensamento Positivo e a Lei da Atração.

Quantas vezes você já se perguntou: Por que o Pensamento Positivo e a Lei da Atração não funcionam para todos? Nesta grande obra de Paulo Roberto Meller você vai encontrar a resposta e saber quais os principais erros cometidos por essas pessoas que as fazem não obter sucesso, você vai aprender a transformá-los em boas estratégias e descobrir alternativas práticas para aproveitar todo o potencial da sua mente e ser uma pessoa melhor sucedida.

Formato: 16 x 23 cm – 256 páginas

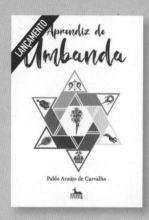

A UMBANDA BEM EXPLICADA

Daniel Soares Filho

"A Umbanda bem explicada" é o resultado de uma pesquisa de campo e bibliográfica que tem por objetivo trazer a público algumas expressões, palavras e atividades ligadas à realidade umbandista. Em um território continental como o Brasil e pela ausência de uma codificação dogmática, a Umbanda apresenta um leque amplo de diferentes práticas e saberes que merecem ser discutidos.

A obra não tem a pretensão de abarcar todas as possibilidades do exercício da religião. O que se busca é abordar os temas sobre a Umbanda, tendo como princípio básico o respeito a todas as Casas que fazem tremular, com honra e dedicação, a "bandeira de Oxalá". Durante os capítulos, o leitor notará, por diversas vezes, a preocupação do autor em alertar para o fato de que o seu discurso não é único e muito menos taxativo.

Formato: 16 x 23 cm – 160 páginas

APRENDIZ DE UMBANDA

Pablo Araújo de Carvalho

"Aprendiz de Umbanda" é um livro construído num enredo filosófico e científico, narrando ali conhecimentos adquiridos pelos seus mestres encarnados e espirituais traduzindo em forma de palavras alguns conhecimentos que só o tempo através do espaço foi capaz de amadurecer. É um livro construído através de uma ótica e didática professoral, pegando o leitor pelas mãos e introduzindo-o de forma filosófica e reflexiva no mundo encantado da Umbanda e aproximando a Umbanda na vida prática do leitor.

Esperamos que tenham uma boa e reflexiva leitura.

Formato: 16 x 23 cm – 256 páginas

Outras publicações

FEITIÇOS, MAGIAS E MIRONGAS
Evandro Mendonça

Mais uma obra que apresento a vocês, meus leitores, com muito orgulho e satisfação do dever comprido. Espero que seja do agrado de todos e que possam usufruir de todos os feitiços contidos nessa obra.

São feitiços simples mas de muita eficácia, e muitos deles hoje nem praticados mais na maioria dos terreiros. Vocês encontrarão vários feitiços com o propósito de ajudar a cada um à medida do possível e do merecimento de cada um.

Mas, para aqueles que ainda cultuam uma Umbanda antiga de amor, fé, raiz e fundamento, tenho certeza de que se identificarão com essa obra e seus feitiços.

Lembrando que esta obra é quase um segmento do meu primeiro e mais vendido livro: *Umbanda – Defumações, Banhos, Rituais, Trabalhos e Oferendas*.

Formato: 16 x 23 cm – 192 páginas

ZÉ PELINTRA – FEITIÇOS E MAGIAS
Evandro Mendonça

Este livro foi feito com muito amor e carinho, ainda mais falando em espiritualidade, doutrina, raiz e fundamentos religiosos.

É um livro simples, básico, didático, direcionado à todos aqueles médiuns novos que estão entrando para os terreiros de Umbanda, e que realmente têm o desejo de aprender.

É um livro que apresenta banhos, defumações, pontos cantados, rituais, magias, feitiços, oferendas e simpatias, da linha dos Malandros que podem ser muito úteis e usados no seu dia a dia.

Formato: 16 x 23 cm – 192 páginas

O LIVRO DE OURO DA UMBANDA
Ortiz Belo de Souza

"O Livro de Ouro da Umbanda", este título nos leva ao mundo de interpretações do fascínio que é a religião de Umbanda. Uma obra pautada na ética que indica o brilho que é ser médium de Umbanda. Um Chamado religioso que proclama a importância do Poder Supremo do Criador através dos espíritos de Luz, sendo um alicerce que permitirá a união de todos os pensamentos, enaltecendo sempre a grandiosidade que é servir como medianeiro dos planos extrafísicos, conotando a realeza que vem por trás daqueles dotados da capacidade de interagir com seus guias espirituais, de maneira sempre humilde.

Um compêndio de explanações que servem a todos nós o tempo todo, ajudando na educação do medianeiro, em sua meditação sobre "o que eu sou" e o "o que devo ser". Com certeza, utilizará esta ferramenta para elevar seu trabalho religioso.

Formato: 16 x 23 cm – 256 páginas

O LIVRO DE OURO DOS ORIXÁS
Ademir Barbosa Júnior (Dermes)

A Umbanda cultua e trabalha com Orixás. Não são "caboclos ou falangeiros" de Orixás, mas os próprios, que se manifestam de vários modos, inclusive mediunicamente por meio da incorporação. Nunca encarnaram e pertencem a um grau de adaptação aos encarnados e aos indivíduos em que incorporam, evidentemente tendo ainda de baixar seu alto padrão vibratório para tal. Ora, quando alguém migra do Candomblé para a Umbanda ou vice-versa, por exemplo, o Orixá que o assiste e/ou incorpora muda? Não e por várias razões.

Neste livro, o leitor encontrará todas as características de cada Orixá, como sua cor, sua comida, seus elementos e tudo mais que o representa, de uma forma simples e clara.

Formato: 16 x 23 cm – 192 páginas

Outras publicações

EXU – A MÃO ESQUERDA DO CRIADOR
Ortiz Belo de Souza

Exu – A Mão Esquerda do Criador vem como ferramenta indispensável para o praticante da Umbanda, com seus fundamentos e esclarecimentos que dará novo horizonte proporcionando a evolução!

Bases sólidas provenientes de anos de trabalho, respeitando a tradição vinda através de nossos ancestrais espirituais, desmistificando o que é a Esquerda da Umbanda, entendendo a Cruz da Criação em uma visão de gênese e hierarquia espirituais nunca escritas em obras literárias.

Assim é este trabalho que vem dar ao médium de Umbanda o que ele sempre teve, mas ainda estava oculto em sua vida como religioso.

Formato: 16 x 23 cm – 144 páginas

EXU TIRIRI – *Queda e Ascenção, na busca de Evolução*
Hélio Doganelli Filho

Em sua sensacional trajetória pelas esferas negativas, iremos conhecer vários domínios espirituais que trabalham pela lei e pela justiça divina em densos níveis vibratórios, zelando sempre pelo equilíbrio e pela restauração de todos os seres que neles habitam. É possível compreender nas narrativas de Guardião Tiriri, que nós somos nossos próprios juízes, e, nas mais diversas e difíceis situações que por vezes nos deparamos, resta somente a nós mesmos, a compreensão de nossos erros, de nossos ódios e de nossos apegos para conseguirmos assim a restauração espiritual em busca da evolução.

Formato: 16 x 23 cm – 192 páginas

TARÔ DOS GUARDIÕES – Os Arcanos Menores

Karol Souza

O Tarô dos Guardiões é o resultado de profundos estudos e busca desmistificar a irradiação de Exus e Pombogiras dentro da religião de Umbanda. Tem sua leitura baseada na atuação (ponto de força), classificação (falange) e hierarquia (irradiação do Orixá) destes Agentes de Luz em comunhão com conhecimentos sacerdotais milenares descritos simbolicamente pelos 56 Arcanos Menores, para que mediante eles, possamos obter mais conhecimento sobre nossa jornada terrena.

Este tarô foi desenvolvido com carinho e seriedade e não desmerece outros baralhos/tarôs conhecidos no meio oracular, mas expõe a riqueza de métodos divinatórios. Que nossa caminhada seja de compreensão e aprendizagem mútua.

Acompanha um baralho com 56 cartas coloridas, dos Arcanos Menores.

Formato: 14 x 21 cm – 128 páginas

TARÔ DOS ORIXÁS

Ademir Barbosa Júnior (Dermes)

O Tarô dos Orixás é um oráculo baseado na riquíssima espiritualidade de Orixás, Guias, Guardiões e da Ancestralidade Individualizada (Babá Egun). Idealizado pelo autor, apresenta a sabedoria, os ensinamentos e as lições para cada setor da vida (saúde, amor, finanças etc.) em leituras breves ou mais aprofundadas.

Sempre respeitando o livre-arbítrio, o Tarô dos Orixás é um instrumento seguro de autoconhecimento ou de atendimento e orientação a indivíduos e/ou grupos em busca de experiências centradas e equilibradas, nas quais as luzes e sombras de cada um e do conjunto sejam reconhecidas, respeitadas e integradas.

Com 22 cartas ricamente ilustradas por Miro Souza, o Tarô dos Orixás, mais que um oráculo, é uma fonte de movimentação de Axé para todos os que dele se utilizam.

Formato: 14 x 21 cm – 160 páginas

Outras publicações

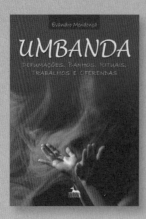

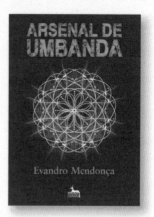

UMBANDA – DEFUMAÇÕES, BANHOS, RITUAIS, TRABALHOS E OFERENDAS

Evandro Mendonça

Rica em detalhes, a obra oferece ao leitor as minúcias da prática dos rituais, dos trabalhos e das oferendas que podem mudar definitivamente a vida de cada um de nós. Oferece também os segredos da defumação, assim como os da prática de banhos. Uma obra fundamental para o umbandista e para qualquer leitor que se interesse pelo universo do sagrado. Um livro necessário e essencialmente sério, escrito com fé, amor e dedicação.

Formato: 16 x 23 cm – 208 páginas

ARSENAL DE UMBANDA

Evandro Mendonça

O livro "Arsenal da Umbanda" e outros livros inspirados pelo médium Evandro Mendonça e seus mentores, visa resgatar a Umbanda no seu princípio básico, que é ligar o homem aos planos superiores. Atos saudáveis como o de acender uma vela ao santo de sua devoção, tomar um banho de descarga, levar um patuá para um Preto-Velho, benzer-se, estão sendo esquecidos nos dias de hoje, pois enquanto uns querem ensinar assuntos complexos, outros só querem saber de festas e notoriedade.

Umbanda é sabedoria, religião, ciência, luz emanada do alto, amor incondicional, crença na Divindade Maior. Umbanda é a própria vida.

Formato: 16 x 23 cm – 208 páginas

RITUAIS DE UMBANDA

Evandro Mendonça

Este livro é uma junção de antigos rituais, bem simples e fáceis de fazer, e que só vêm a somar àqueles médiuns ou terreiros iniciantes.

Mas, poucos sabem que esses rituais foram, são e sempre serão, regidos por uma lei que sempre se chamou, que a chamamos e sempre chamaremos Umbanda com amor e respeito.

Portanto, dentro da religião de Umbanda, ter conhecimento dessas leis, forças, rituais e etc., significa poder.

Formato: 16 x 23 cm – 192 páginas

RITUAIS DE QUIMBANDA – LINHA DE ESQUERDA

Evandro Mendonça

Essa obra é mais um trabalho dedicado aos que querem e buscam um pouco mais de conhecimento sobre como trabalhar com os exus e pombas-gira.

São rituais simples, mas muito eficazes, que podem ajudar muito o dia a dia de um médium e de um terreiro de Umbanda.

Espero que façam um bom uso desses rituais, e nunca esqueçam a lei do livre arbítrio, ação e reação e do merecimento de cada um. Somos livres para plantarmos o que quisermos, mas somos escravos para colhermos o que plantamos.

Formato: 16 x 23 cm – 224 páginas

Distribuição exclusiva

www.aquarolibooks.com.br